全国教育科学"十三五"规划2018年度国家一般项目
"专业博士培养模式的嬗变与创新研究"（BIA180175）资助

专业博士培养模式的嬗变与创新

The Evolution and Innovation of

PROFESSIONAL DOCTOR

Training Mode

李云鹏 ◎著

科学出版社
北京

内 容 简 介

经过30多年的发展，我国专业博士教育取得了重大成就，但也存在着一些问题。专业博士培养模式的塑造和优化是保证和提高专业博士教育质量的重要途径。本书基于对专业博士培养模式的理念与系统的分析，综合比较了中外专业博士教育的发展与变革历程，在对我国专业博士培养模式进行调查研究的基础上提出了创新我国专业博士教育的路径。

本书可供专业学位研究生教育的管理者、决策者，以及教育研究方面的学者等参阅。

图书在版编目（CIP）数据

专业博士培养模式的嬗变与创新 / 李云鹏著. —北京：科学出版社，2022.12
ISBN 978-7-03-074288-9

I. ①专… II. ①李… III. ①博士生–培养模式–研究 IV. ①G643.7

中国版本图书馆CIP数据核字（2022）第241034号

责任编辑：崔文燕 / 责任校对：贾娜娜
责任印制：李 彤 / 封面设计：润一文化

科学出版社 出版
北京东黄城根北街16号
邮政编码：100717
http://www.sciencep.com

北京建宏印刷有限公司 印刷
科学出版社发行 各地新华书店经销
*
2022年12月第 一 版 开本：720×1000 1/16
2022年12月第一次印刷 印张：13 1/2
字数：260 000
定价：99.00元
（如有印装质量问题，我社负责调换）

前 言
FOREWORD

本书以专业博士培养模式为研究对象,涉及专业博士培养模式的各子系统及其构成要素、各子系统的结构和功能、各构成要素之间的互动关系、专业博士培养模式的嬗变及其特征、国外经验对我国专业博士教育的借鉴与启示、我国专业博士培养模式的现状及存在的问题、创新我国专业博士培养模式的路径。

本书共7章。第一章,专业博士培养模式的理念与系统,从系统论审视专业博士培养模式,将大的方面拆分为系统要素、系统结构、系统功能,从小的方面对系统要素摘取9个方面,探讨系统的要素、结构与功能之间的关系,要素组成的子系统,以及子系统与母系统之间的关系,并对其结构和功能进行探讨,构建理论分析框架;讨论各子系统的内涵及其与其他子系统的关系;概括系统结构、系统功能的内涵及其动态的发展机制、相互关系。从系统论、人力资本理论两个理论视角分析专业博士教育的理论基础,同时这两个理论也是专业博士教育产生与发展的理念基础;对专业博士培养模式的系统进行概念化分解。

第二章,我国专业博士教育的历史回溯。通过文献研究系统梳理我国专业博士教育产生与发展的历史背景、政策文本、阶段性特征等,探讨我国专业博士教育与外部社会经济环境之间的互动关系,分析我国专业博士教育发展的成就与问题。

第三章,国外专业博士培养模式的嬗变。通过国外专业博士培养模式的代际嬗变研究,从宏观(社会)、中观(高校)、微观(专业)三个层面,对国外专业博士的培养目标、培养过程、支撑条件、外部协作和质量控制保障等要素进行研究，并对其特征和规律进行归纳总结。从宏观层面对国外专业博士培养模式的嬗变进行文献研究，从中观和微观层面对国外专业博士培养模式代际嬗变进行典型案例研究。国外专业博士发生代际嬗变，既是社会发展、知识生产模式变革等多种因素推动的结果，更是一些先知先觉培养单位的创造性工作，它们的成功引发专业博士教育的普遍性发展变革。

第四章，专业博士教育的规律。教育研究既需要宏观的体系分析，也需要微观的个案分析，二者有助于我们掌握专业博士培养模式的精髓和要旨。因此，本章从更宏观的视角探讨世界专业博士教育的基本规律，探讨世界博士教育目的转向与结构变革的大趋势。同时，本章选取美国和英国两个典型的教育博士培养模式进行案例分析。

第五章，我国专业博士培养模式的调查研究。应用问卷法、访谈法对我国专业博士培养模式的要素、运行情况、教育效果、意见建议等进行调查研究，从中归纳我国专业博士培养模式的基本特点。我国专业博士培养模式必然带有我国的鲜明特征，但也要遵循专业博士教育的普遍规律。发现问题是为了更好地解决问题，问卷和访谈是发现问题的工具，也是对理论研究、比较研究的相互检验。

第六章，我国专业博士培养模式的创新。通过前述国外专业博士教育的经验、专业博士教育的基本规律、我国专业博士的基本情况，总结概括我国专业博士培养模式存在的主要问题，进而提出创新我国专业博士培养模式的路径。

第七章，结论。对全文进行总结归纳，提出研究前景。

本书力求在以下两个方面有所创新。

1）理论研究的创新。通过对国内外专业博士培养模式进行系统分析，对其子系统及要素进行界定和分析，构建专业博士培养模式的概念框架和分析模型，发现专业博士代际嬗变的特点与规律，这将丰富和发展专业博士教育理论体系。

2）组合运用多种研究方法。通过实证法来分析我国专业博士培养模式的现状与问题，通过文献和案例法发现国外专业博士培养模式嬗变的特点和规律，通过比较法提出创新我国专业博士培养模式的路径。

本书难免存在疏漏之处，请读者多多斧正。

目录
CONTENTS

前言

缩略语表

绪论 ··· 1

第一章　专业博士培养模式的理念与系统 ···················· 19
　　第一节　理论基础 ··· 21
　　第二节　专业博士培养模式的系统 ························· 27

第二章　我国专业博士教育的历史回溯 ······················ 37
　　第一节　我国专业博士教育的产生与发展 ················ 39
　　第二节　我国专业博士教育的主要成就与问题 ·········· 47

第三章　国外专业博士培养模式的嬗变 ······················ 51
　　第一节　美国专业博士教育的发展与变革 ················ 53
　　第二节　英国专业博士教育的发展与变革 ················ 61
　　第三节　澳大利亚专业博士教育的发展与变革 ·········· 71
　　第四节　专业博士学位的代际嬗变 ························· 76

第四章　专业博士教育的规律 ·· 99
第一节　世界博士教育的转向 ·· 101
第二节　典型案例 ·· 109

第五章　我国专业博士培养模式的调查研究 ····························· 125
第一节　研究设计 ·· 127
第二节　研究数据分析 ·· 129

第六章　我国专业博士培养模式的创新 ···································· 141
第一节　我国专业博士培养模式的主要问题 ····················· 143
第二节　创新我国专业博士教育的路径 ····························· 159

第七章　结论 ··· 181

附录 ··· 195
附录1　专业博士培养模式调查问卷 ·································· 195
附录2　访谈提纲 ··· 201

后记 ··· 205

缩 略 语 表

ACGR	Australian Council of Graduate Research	澳大利亚研究生教育委员会
ASPA	Association of Specialized and Professional Accreditors	专门职业认证协会
CDDGS	Council of Deans and Directors of Graduate Studies in Australia	澳大利亚研究生教育院长和主任委员会
CGS	Council of Graduate Schools	研究生院理事会
CPED	Carnegie Project on the Education Doctorate	卡内基教育博士重整计划
ESRC	UK Economic and Social Research Council	英国经济和社会研究委员会
EUA	European University Association	欧洲大学协会
NBEET	National Board of Employment, Education & Training	就业、教育与培训委员会
NCES	National Center for Education Statistics	教育统计中心
QAA	Quality Assurance Agency for Higher Education	高等教育质量保障署
QAC	Quality Assurance Committee	教学质量保障委员会
UKCGE	UK Council for Graduate Education	英国研究生教育委员会

绪 论

一、研究背景

当前,中国社会发展进入一个崭新的时代,建设社会主义现代化强国正激励着各行各业争创一流。在新时代,我国对优质高等教育的需要愈加迫切,对各行各业不同领域卓越人才的渴求愈加强烈。博士教育是最高层次的教育阶段,其培养质量是衡量一个国家高等教育水平和质量的重要标志,决定了国家创新能力能够达到的程度和水平,进而在一定程度上影响国家在国际竞争中的地位。发展专业博士教育是当前我国经济社会进入高质量发展新阶段的优先选择,也是为了满足人民对更多教育机会、更高学历追求的需要。社会各行各业对知识技能(尤其是创新能力)的要求越来越高,专业化程度、入职门槛及晋升门槛也越来越高。已经比较专业化的职业需要的往往不是学术型理论工作者,而是具备较高实践能力和创新精神的实践工作者,这就需要高质量的专业型博士教育与之相适应。

1978年,教育部印发《关于高等学校一九七八年研究招生工作安排意见》,我国研究生教育恢复招生。进入21世纪,随着高等教育大众化和普及化相继实现,研究生教育的重要性和紧迫性日益凸显。就当前来说,硕士研究生教育是研究生教育发展的重点,博士研究生教育依然保持相对谨慎发展的态度。历史上,我国有三次意义重大的专门讨论和决策研究生教育的重要会议。2013年召开的全国研究生教育工作会议旗帜鲜明地提出推进研究生培养模式改革[1],提出学术学位与专业学位协调发展的新思维,突出了对设置和发展专业学位的重视。2014年召开的全国研究生教育质量工作会议要求树立科学的研究生教育质量观[2],首次提出国家和各高校要根据不同类型、不同层次和学科类别的研究生分别制定针

---

[1] 北京理工大学研究生教育研究中心. 2013年中国学位与研究生教育质量要事志. https://cge.bit.edu.cn/bflm/zlysz/2013/b115667.htm.(2018-01-10)[2021-10-20].

[2] 北京理工大学研究生教育研究中心. 2014年中国研究生教育质量年度事件和年度人物. https://cge.bit.edu.cn/pub/xwyyjsjyyjzx/pgpx/ndsjyrw/b123308.htm.(2018-06-04)[2021-10-20].

对性强的培养方案和质量标准。会议规定学位授予单位是质量保证的第一主体,培养方案和质量标准要基于学位的不同的属性和培养目标。这种实事求是、务实的质量观非常重要,需要长期坚持并全面贯彻落实。2020年召开的全国研究生教育会议提出完善研究生教育保障体系[①],促进高质量研究生教育的良性发展,这成为当前及今后一段时间内的教育发展的重要遵循。这三次重要的研究生教育专题会议凸显了研究生教育的重要性,使其日益成为政策制定和学界关注的重点。当前,我国的研究生教育面临前所未有的发展机遇和严峻挑战。

专业学位作为一个学位类型,现已迎来发展的重要机遇期。2020年印发的《教育部 国家发展改革委 财政部关于加快新时代研究生教育改革发展的意见》提出,到2035年,初步建成具有中国特色的研究生教育强国。该意见创造性地提出"四个面向"的研究生教育工作思路,即"面向世界科技竞争最前沿,面向经济社会发展主战场,面向人民群众新需求,面向国家治理大战略"。同年国务院学位委员会、教育部印发的《专业学位研究生教育发展方案(2020—2025)》指出:发展专业学位研究生教育是经济社会进入高质量发展阶段的必然选择,是主动服务创新型国家建设发展的重要路径,是学位与研究生教育改革发展的战略重点。该方案提出要按照需求为导向、尊重规律,协同育人、统筹推进的基本原则,加强顶层设计,完善发展机制,优化规模结构,夯实支撑条件,全面提高质量,为行业产业转型升级和创新发展提供强有力的人才支撑。该方案还提出到2025年,大幅增加博士专业学位研究生招生数量,进一步创新专业学位研究生培养模式,建成灵活规范、产教融合、优质高效、符合规律的专业学位研究生教育体系。我们可以认为,专业学位研究生教育大发展的时代已经来临,处于专业学位体系顶端的专业博士教育的重要性更加凸显。如何高质量发展专业博士教育成为一个亟待研究的重要课题。在教育高质量发展的主题背景下,优化专业博士培养模式、提高专业博士教育质量成为非常紧迫、重要的课题。

---

① 教育部. 构建更加完善的研究生教育质量保障体系. http://www.moe.gov.cn/jyb_xwfb/xw_zt/moe_357/jyzt_2020n/2020_zt15/baodao/pinglun/202008/t20200813_477870.html.(2020-08-04)[2021-10-20].

二、研究意义

（一）理论价值

现实中，专业博士教育越来越重要，其社会需求也越来越多。经过20多年的发展，专业博士教育依然存在一些问题，其中理论研究缺乏是一个主要原因。要想科学合理地发展专业博士教育，就必须全面掌握专业博士学位的本质属性，掌握专业博士教育的基本规律，从而创建专业博士培养模式，并使之与社会需要和学校实际相契合，这是学术界义不容辞的重要责任。然而，由于专业博士教育是相对较新的教育类型，专注于专业博士教育研究的学者非常少，相关的研究成果还不能完全满足需要，使得一些专业博士实施机构或凭经验办学，或照搬哲学博士教育模式，造成偏差。

本书以专业博士培养模式为研究对象，系统探讨专业博士培养模式的系统要素、系统结构和系统功能，以此构建专业博士培养模式的系统模型，并以系统论的理论视角分析专业博士培养模式系统的架构与内外部系统之间的关系。本书用人力资本理论分析专业博士教育产生与发展的社会基础，以及专业博士教育与社会变革、经济发展之间的关系；采用历史与现实相结合的方法系统研究美国、英国、澳大利亚三个专业博士教育发达国家专业博士培养模式的形成与发展演变的过程、基本特点及经验，从中发现国外专业博士三代培养模式的嬗变规律、背后的原因，以及发展演变带来的教育变革及其成效。本书系统研究了由专业博士培养的培养目标、招生考试、课程设置、教学实施、科研训练、专业实践、导师指导、毕业考核、保障体系等九个要素构成的专业博士培养模式体系的结构与功能，研究了国外三代专业博士培养模式中核心要素的主要特征。本书通过分析世界博士教育目的转向、结构变化、知识生产模式转型等，结合三个专业博士的典型案例，来探讨专业博士教育的基本规律；通过实证研究发现我国专业博士培养模式中现状、存在的问题。这些理论上的探讨都有一定的创新性，是当前我国专业博士教育实施过程中相对缺乏的，希望研究中的观点可以为政策制定、理念转变、实践变革提供依据。

（二）现实价值

在我国，相对于哲学博士学位，专业博士学位是新生学位。相对于美国、英国、澳大利亚等专业博士教育发达的国家，我国专业博士教育还不成熟，教育实践中出现了一些问题，面对问题时往往缺乏好的解决思路。从这个意义上来讲，理论研究、比较研究和实证研究都非常必要。本书在中外专业博士培养模式比较研究的基础上，总结专业博士教育的基本规律，在对我国专业博士教育进行较为充分的实证研究的基础上，发现我国专业博士培养中的问题与不足，提出针对我国专业博士教育问题的对策建议，对解决我国专业博士教育过程中出现的问题、优化我国的专业博士培养模式、科学设计新的专业博士学科专业具有积极的现实指导和参考意义，期望为专业博士教育实施机构提供有益的参考。

三、研究现状

伴随着专业博士教育的发展，国内外学者对专业博士教育及其培养模式展开了广泛研究，主要集中在以下四个方面。

1) 对专业博士教育基本理论的研究。这类研究集中于专业博士教育的目的、语境、动力、趋势、内外部关系等。专业博士要对所从事的专业实践领域做出独创性贡献。专业博士教育的语境，在当代话语的不同领域内，不仅要考虑专业博士教育的制度观念，而且要考虑更广泛的文化和社会领域的制度观念。[①]知识生产模式理论是分析专业博士教育产生与发展的理论工具，知识生产模式2成为专业博士教育兴起的动力。针对专业博士学位定位不清、特色不明的问题，国外进行了持续的理论探讨和实践变革。多数学者主张两种学位分类发展，也有学者主张取消专业博士学位或其中的一部分，但也有学者反对绝对区分两种博士学位。[②]哲学博士和专业博士两种学位双轨并行，既有利于学术性学位的发展，也

---

① Kelly F. The Idea of the PhD: The Doctorate in The Twenty-First Century Imagination. New York: Routledge, 2017.

② Shulman L S, Golde C M, Bueschel A C, et al. Reclaiming education's doctorates: A critique and a proposal. Educational Researcher, 2006 (3): 25-32.

有利于专业博士学位教育专注于培养实践者。①专业博士学位主要影响博士生的自我实现和自我建设。②但有的研究却强调，由于批判性反思会使博士生对职业实践的观点转变，专业博士学位的影响仍然难以预测③，还没有充分的证据表明专业博士学位对专业实践有更广泛的影响④。有学者提炼出专业博士学位一系列特征：论文的核心部分的篇幅比哲学博士学位论文小一些；研究必须有某种贡献，而且必须是原创的；采用以群组为基础的教学法；注重博士生个人的专业发展；有利于相关专业实践的发展；论文题目通常与所从事的专业相关。⑤这些研究成果都是对专业博士本质问题的追问，是非常重要的基础研究。

教育的国别研究一直是教育研究的重要方面，尤其是专业博士教育比较发达的国家。英国专业博士学位的基本目标是满足专业实践人士的需求，促进他们的职业发展，与哲学博士学位培养"专业研究人员"的宗旨相对，专业博士学位的宗旨是培养"研究专业人员"⑥，这已经成为目前世界上通用的说法。英国研究生教育委员会于2005年、2010年、2011年先后发布了《英国专业博士学位》（Professional Doctorates in England）报告，对英国专业博士学位项目各专业领域进行了数据统计与分析，并指出未来的发展趋势以及当前面临的问题和挑战。

国内学者多有运用西方最新理论工具的研究成果。李云鹏运用知识生产模式理论论述了知识生产模式转型专业学位的代际嬗变之间的内在关系，并以美、英、澳等国的实例说明知识生产模式与专业学位的互动关系。⑦黄启兵和毛亚庆认为吉本斯关于知识生产模式2与质量控制的相关论述为我们理解高等教育质量

---

① 赵炬明. 学科、课程学位：美国关于高等教育专业研究生培养的争论及其启示. 高等教育研究，2002（4）：13-22.

② Scott D，Brown A，Lunt I. Professional Doctorates Integrating Professional and Academic Knowledge. Berkshire：Open University Press，2004.

③ Burnard P，Dragovic T，Ottewell K，et al. Voicing the professional doctorate and the researching professional's identity：Theorizing the EdD's uniqueness. London Review of Education，2018（1）：40-55.

④ Hawkes D，Yerrabati S. A systematic review of research on professional doctorates. London Review of Education，2018（1）：10-27.

⑤ Scott D，Brown A，Lunt I. Professional Doctorates Integrating Professional and Academic Knowledge. Berkshire：Open University Press，2004.

⑥ Bourner T，Bowden R，Laing S. Professional doctorates in England. Studies in Higher Education，2001（1）：65-83.

⑦ 李云鹏. 知识生产模式转型与专业博士学位的代际嬗变. 高等教育研究，2011（4）：42-48.

保障提供了理论基础。①陈洪捷把知识生产模式与博士生教育联系在一起，认为在很大程度上，博士生教育在世界范围内的改革无不在某种意义上回应知识生产模式的转型，即模式Ⅱ的知识生产方式，并且专业型博士的崛起体现了新的知识主体、新的知识和新的知识生产情境三者的结合。②这也呼应了一些国外学者的观点。此外，探讨知识生产模式与教育研究关系的相关文献还有不少③，但对最新专业博士培养模式变迁的研究成果还不多见。

2）对专业博士培养模式演变与发展趋势的研究。从世界范围来看，博士教育正在从一个小型的精英团体逐渐发展成为一个庞大并不断扩张的国际市场。在这种背景下，博士教育面临越来越多的不断变化的新挑战。虽然国情呈现多样性，但"近年来博士教育越来越呈现出全球化的趋势和样态，博士教育体系在发生着重大变革，博士教育的适应性和活力更加强大"④。各国大学正在积极探索通过创新高层次人才培养模式提升博士教育的质量，发展博士教育的新理论，创造博士教育的新模式。⑤我国有学者系统归纳了西方发达国家博士培养模式的演变历程与发展趋势⑥；有学者提出知识生产模式转型促进了专业学位的代际嬗变，专业博士教育先后经历了规模扩张与学位升格、规模扩张与模式变迁共进的过程，经历了专业博士学位的三次代际嬗变⑦。以混合型课程为主要特征的第二代专业博士模式，整合了大学、专业与工作场所，是全新的专业博士培养模式。⑧

3）对国内外专业博士培养经验的研究。这类研究集中于专业博士教育的模式变革、课程改革、保障制度、协同创新等方面。朴雪涛指出，"专业博士学位教育在英国出现后迅速发展，但在各院校和各学科方面不均衡发展。英国专业博

---

① 黄启兵，毛亚庆. 高等教育质量的知识解读. 清华大学教育研究，2009（6）：16-22.
② 陈洪捷. 知识生产模式的转变与博士质量的危机. 高等教育研究，2010（1）：57-63.
③ 盛冰. 知识的新生产及其对大学的影响. 清华大学教育研究，2003（1）：30-35.
④ Nerad M, Heggelund M. Toward a Global Phd? Forces and Forms in Doctoral Education Worldwide. Seattle：University of Washington Press，2008.
⑤ Blessinger P, Stockley D. Emerging Diretalions in Doctoral Education. Bingley：Emerald Group Publishing，2016.
⑥ 陈学飞. 西方怎样培养博士. 北京：教育科学出版社，2002.
⑦ 赵世奎，郝彤亮. 美国第三代专业博士学位的形成发展：以理疗、护理专业博士为例. 北京大学教育评论，2014（4）：34-47+184.
⑧ Lee A, Green B, Brennan M. Organisational knowledge, professional practice and the professional doctorate at work. In J. Garrick, C. Rhodes (eds.), Research and Knowledge at Work：Perspectives, Case Studies and Innovative Strategies. London：Routledge，2000：127.

士教育在专业设置、培养过程和研究工作等方面形成了自己的特色"①。袁锐锷和凌朝霞的研究发现,澳大利亚部分大学增设了大量教育博士学位,目的是适应社会经济发展和教育专业化的需求,设计了符合教育博士专业学位特色的培养模式,主要包括课程内容、教育方式、博士生评估和论文写作等培养体系。②刘献君的研究发现,发达国家博士教育之所以人才辈出,是因为它们有独具特色且行之有效的创新人才培养模式。③汪霞的研究发现,"发达国家高水平大学研究生教育的传统、理念、目标、培养模式、课程体系及内外部质量保障机制,是一流研究生教育的根本保障"④。2010—2013年,哈佛大学教育领域博士学位经历了非常大的变革,新设教育领导博士和教育学博士,取消教育博士,成为博士教育积极适应需要、加剧变革的代表性象征。⑤美国专业学位发展史揭示,美国大多数大学坚持研究生院发展学术性学位、专业学院发展专业学位的做法是正确的。⑥

关于专业博士与哲学博士培养模式趋同的研究已经很多。学者对美国教育博士的研究发现,美国专业型和学术型教育领域的博士培养模式存在大量趋同现象。⑦我国专业学位博士教育存在对学术型博士生及国外专业学位博士生培养模式的依赖现象。⑧这方面的实证研究也不少,对其中的原因分析是学者关注的焦点,包括路径依赖、惯性思维、节约成本、师资不足、质量标准固化等,这些研究又因发展阶段和各培养单位的具体情况而各不相同。

4)对我国专业博士培养现状的研究。我国专业博士教育在学习借鉴国外成熟先进教育经验的基础上探索了适合我国国情的专业博士培养模式。"我国的博士教育正在发生深刻变革,从培养学者到培养精英,从单一扩张到结构分化。"⑨

---

① 朴雪涛. 英国专业博士学位教育发展的特征及启示. 教育研究, 2005 (5): 77-82.
② 袁锐锷, 凌朝霞. 关于澳大利亚若干大学教育博士培养工作的思考. 比较教育研究, 2006 (9): 23-27.
③ 刘献君. 发达国家博士生教育中的创新人才培养. 武汉: 华中科技大学出版社, 2010: 内容简介.
④ 汪霞. 世界一流大学研究生培养模式和课程体系研究. 南京: 南京大学出版社, 2015: 370.
⑤ 李云鹏, 戚万学. 哈佛大学教育领域博士学位变革及其启示. 学位与研究生教育, 2016 (12): 69-73.
⑥ 赵炬明. 学科、课程学位: 美国关于高等教育专业研究生培养的争论及其启示. 高等教育研究, 2002 (4): 13-22.
⑦ Shulman L, Golde C, Bueschel A, et al. Reclaiming education's doctorates: A critique and a proposal. Educational Researcher, 2006 (3): 25-32; Neumann R. Doctoral differences: Professional doctorates and PhDs compared. Journal of Higher Education Policy and Management, 2005 (2): 173-188.
⑧ 罗英姿, 李雪辉. 专业学位博士研究生培养的路径依赖及其优化. 学位与研究生教育, 2018 (5): 55-60.
⑨ 王传毅, 赵世奎. 21世纪全球博士教育改革的八大趋势. 教育研究, 2017 (2): 142-151.

但是，我国博士教育的学科结构不够科学合理，"存量决定增量"的发展模式有待解决。[1]比较而言，我国博士教育质量方面存在的首要问题是创新能力（尤其是原创能力）较差。[2]这些具有前瞻性的研究相对较少，需要更多研究者从更宏大的视角、更长远的考量来审视当下、预测未来。

综上所述，已有研究者在专业博士培养模式的演变过程及发展趋势、专业博士学位的属性、国外专业博士模式变革实践、我国专业博士教育存在的问题等方面进行了研究，成为本书的研究起点和重要参考，同时也存在一些不足：①定性研究较多，定量研究较少，对培养模式内各要素之间关系的系统研究更少；②大而化之的整体研究多，详细的个案研究少，对专业博士培养模式嬗变与创新的案例研究相对较少；③静态研究多，动态研究少，对其专业博士教育动态发展变革及其运行机制方面的研究更少；④对我国专业博士教育的历史梳理、对国外专业博士三代培养模式的变迁、对专业博士教育的规律等方面的研究还非常欠缺，影响了我国专业博士教育的发展。总体来看，世界范围内，专业博士培养模式处在代际嬗变的过程中。我国的专业博士培养模式如何创新发展，如何提高人才培养质量，值得进一步深入研究。

四、本书研究思路和研究方法

（一）研究思路

本书首先对专业博士培养模式进行系统分解，对要素、结构和功能进行界定；对我国专业博士教育的发展进行历史梳理；对美、英、澳三国专业博士培养模式的发展演变进行研究，归纳专业博士培养模式发展演变的基本规律；概括世界专业博士发展的基本规律和未来趋势；通过对我国专业博士培养模式的实证研究，总结我国专业博士教育存在的主要问题，分别提出相应的应对措施。本书研究思路如图 0-1 所示。

---

[1] 李立国，黄海军. 我国省域研究生教育的学科布局. 复旦教育论坛，2012（1）：55-58+64.
[2] 袁本涛，延建林. 我国研究生创新能力现状及其影响因素分析——基于三次研究生教育质量调查的结果. 北京大学教育评论，2009（2）：12-20+188.

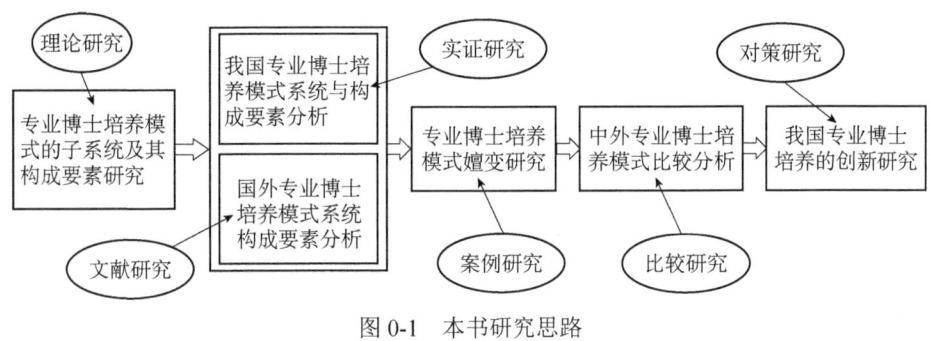

图 0-1　本书研究思路

（二）研究方法

1. 调查法

本书主要运用问卷调查、访谈法，结合实地考察、网络资料收集、统计分析等方法，对国内外专业博士培养模式进行深入研究，使研究成果不仅能得到理论上的支持，而且能为我国专业博士的教育实践提供启示和借鉴。

本书采用函询和现场深度访谈的方式，通过开放式与半开放式访谈相结合的方法，征求被访谈者对我国专业博士培养模式的意见和建议，从中发现和验证我国专业博士教育取得的成就和存在的问题。

2. 案例法

在本书对国外专业博士培养模式问题研究时，选取典型案例进行剖析；在模式嬗变研究时，选取英国和美国的教育博士、工程博士进行案例研究，以点带面，使其专业博士培养模式的特点更为突出。

3. 比较法

美、英、澳三国在专业博士教育方面有许多成熟的经验和成功的做法。因社会发展阶段、历史背景和国情不同，其专业博士教育也有所不同。本书借助比较法，从中发现规律性的经验，以资借鉴。本书采用纵、横、点三维一体的方法，从专业博士教育的历史发展演变的维度（纵）、当前专业博士培养现状与最新进展的维度（横）、深入剖析专业博士培养模式案例点的维度（点），做到纵向比较与横向比较相结合、点与面相结合，以期较为全面、深刻地把握专业博士培养模式的特征与专业博士教育规律。

五、核心概念界定

(一) 专业学位

对专业学位的内涵和发展历程的把握是研究专业学位教育及其相关问题的基础。在汉语语境中,"专业"主要包含两种含义:一是指高等教育的基本单位,是知识分类和学业门类;二是指具有较高知识修养的专门职业,更多强调职业的专门性,英文"profession"就是此意。"专业学位"中的"专业"更倾向于后者,它与职业关系较为密切,要求从业者具备胜任该职业所需的知识和技术。专业是社会劳动进一步分化和进步的结果,在社会职业的发展演变过程中,一部分职业为满足更加精细化发展的需要,对从业人员提出了高于其他职业的要求,而成为知识含量更高的专业。这些知识技能的取得不是依靠实践经验积累的,而是通过个体回到大学再次接受更为高深的知识能力培养和系统的专业教育才能实现的。可以说,专业是"专门化""有学问"的职业,因此只有那些对知识技能要求高的职业才能成为专业。

授予专业学位的主要衡量标准是个体的专业学术水平和实践能力。在西方国家,某些专业学位已经成为对应职业的从业资格和入职资格证明。"在不同国家、不同学科之间,专业学位的设置和标准有所差异。"[①]从专业学位的内涵界定就能够发现其中的共同点和些微差异,也能发现随着时间的推移,专业学位越来越强调对综合素质的要求。

专业学位和专业学位研究生教育既是高等教育发展变革的产物,也是高等教育主动适应社会发展需求的产物。专业学位与学术学位密切相关,都建立在同一学科的基础知识和基本理论之上。两者的区别主要表现在人才培养的规格不同:学术学位重点培养发现、分析学科知识理论问题的能力,较少关注知识技能在现实中的应用与实践;专业学位则更多关注如何应用现有的学科专业理论知识和技能去解决现实问题,对学科知识理论本身的关注较少。

专业学位与学术学位是两种适应不同社会需要的学位类型。为了适应不同的职业要求,两类不同的人才培养模式应运而生。不同的职业需要不同的专业能

---

① 张炜. 美国专业博士生教育的演变与比较. 研究生教育研究, 2020 (3): 87-92.

力，也需要设置不同的专业学位和与之相匹配的教育类型。学位是个体受过高等教育的证明。学术学位着重强调个体的学术研究能力与理论水平，实践能力与专业技能不是其关注的重点，其专业指向性不强，它更多关注理论探究和学科知识生产。与之不同，专业学位更多强调如何解决现实问题，重视实践能力和应用能力的教育和训练。为了解决思想观念的问题，我国在建立实施专业学位之初，曾使用"职业学位"这一称谓，后来经过研究决定改为"专业学位"，应该说，专业学位更符合我国的文化意识和价值观念。但是，专业实践性强并非要求专业学位抛弃学术性，专业学位符合专业实践特性并创造性地发展、变革实践，需要建立在学术研究的基础之上。

专业学位的专业设置、结构优化和体系完善对构建富有活力的多元化的学位体系与教育体系具有至关重要的意义，以适应经济社会发展和个人对不同类型学位类型和教育方式的需求，它在建设创新型国家、构建创新体系等方面具有战略意义。专业学位的功能主要表现在三个方面：第一，丰富了研究生教育的类型、增强了整个学位体系的社会适应性。专业学位的产生与发展是对学术学位的补充，是对学位制度和教育制度的创新。同时，我国专业学位的创设与发展也是学习借鉴了西方的经验，是我国经济社会发展到一定程度对高层次多样化人才需求的一种主动适应。社会需要高等教育提供适应经济社会发展需要的各类人才，传统单一的学术型人才无法完全满足社会多方位的要求，因为"社会发展不仅需要大量学术型高层次人才，同时也需要大量技能型职业型复合型高层次实践性人才"[1]。第二，适应了社会需求变化，发挥现代大学的社会服务功能。专业学位高等教育丰富和发展了高等教育的结构和类型，拓展了高等教育功能，赋予高等教育新的内涵，为大学从社会边缘的地位走向社会中枢的地位转变提供了支撑。第三，转变了经济发展方式，促进国家发展战略转型。专业学位的产生与发展使其对特定行业产业的发展具有不可替代的重要作用。丰富学位类型，持续加快专业学位研究生教育的发展，提高专业博士教育的质量和效益是适应经济社会发展、战略转型的重大举措，也是加速实现高等教育强国战略的必然选择。

---

[1] 李云鹏，于珈懿. 我国教育博士培养的初步实践与存在问题. 黑龙江高教研究，2018（1）：103-107.

（二）专业博士教育

作为相对独立存在的博士教育类型，专业博士教育与哲学博士教育应具有不同的发展定位、本质属性、服务方向。但在不同的国家和时代背景下，专业博士很难有一个普适性的概念界定。英国研究生教育委员会在 2002 年的定义中首先表明，在课程学习之外，从事研究也是专业博士的规定性特征，且强调研究水准要达到与哲学博士同等的水平；其次表明专业博士教育意在为有经验的专业人员拓展专门知识、提升专业能力，满足非学术性职业对高层次专业人才的需要。[①]澳大利亚研究生教育委员会也对专业博士进行了说明："通过指向实际目的或者应用的学习和研究，对所从事的专业领域内的知识和实践做出独创性贡献。"[②]国外对专业博士的主要界定见表 0-1。

表 0-1　2002—2015 年国外对专业博士的主要界定

年份	界定方	界定
2002	英国研究生教育委员会（UKCGE）	专业博士学位是一种高级学习和研究计划，它符合大学授予的博士学位标准，旨在满足大学之外的专业团体的特殊需求和发展个体在专业背景中工作的能力[③]
2005	英国经济和社会研究委员会（ESRC）	专业博士被期望对理论和实践都做出贡献，并通过专业知识的进步推动专业实践的发展[④]
2007	澳大利亚研究生教育委员会（ACGR）	通过研究和高级学习，使候选人对其所处的专门职业领域的知识和实践做出重要贡献[⑤]
2007	欧洲大学协会（EUA）	专业博士学位或相关的实践博士学位，是博士层次的学位，专注于将研究以反思的方式嵌入专业实践，它们必须确保同样的高水平的质量以满足与传统哲学博士相同的核心标准[⑥]
2008	英国高等教育质量保障署（QAA）	专业博士学位旨在发展个人的专业实践并支持他们为专业知识做出贡献[⑦]

---

① 袁广林. 专业博士培养目标定位：研究型专业人员. 学位与研究生教育，2014（11）：1-5.

② 李雪辉，罗英姿. 博士研究生教育供给侧改革：目标强化与方向转轨. 教育发展研究，2018（5）：28-34.

③ UK Council for Graduate Education（UKCGE）. Report on Professional Doctorates. Dudley：UKCGE，2002：62.

④ Economic and Social Research Council（ESRC）. ESRC Recognition of Research Training Programmes：A Guide to Provision for Postgraduate Advanced Course and Research Students in the Social Sciences. Swinton：ESRC，2005：99.

⑤ ACGR. Guidelines on Professional Doctorates. ACGR：Austrilia，2007：23

⑥ EUA. Doctoral Programmes in Europe：Bologna Follow-up Group.European University Association，2007：15.

⑦ Quality Assurance Agency for Higher Education. Framework for Higher Education Qualifications in England，Wales and Northern Ireland. Gloucester：QAA，2008：23-24.

续表

年份	界定方	界定
2011	英国高等教育质量保障署（QAA）	专业博士学位是适应某些行业的实际需要和促进个人职业发展，以实践为导向，以某一学科为依托，以专业技能和研究能力培养为重点，以教学、研讨、群组学习和实务研究为构成要素的高层次人才培养类型[①]
2015	英国高等教育质量保障署	专业博士学位旨在满足其扎根的各种专业的需求，包括商业、创意艺术、教育、工程、法律、护理和心理学等，它们可以推进专业实践或将专业实践作为合法的研究对象[②]

专业博士与哲学博士是有本质区别的两类学位。哲学博士教育主要培养学科的接班人，哲学博士主要从事原创性理论研究，生产高深的专门知识，拓展学科发展的前沿，最终促进科学进步和人类社会发展；专业博士教育主要培养实践领域的专家，通过应用研究生产高深的专业知识，解决专业发展实践中的疑难问题和关键性难题。两类学位也有共同点，都属于博士层次，都被赋予一定的学术内涵。因此，学术是两类博士教育的共同要求和基础。虽然专业博士教育具有实践性、职业性的本质属性，但也要达到博士教育的学术标准。如果放弃或降低学术标准，学位的合法性就会受到质疑。当然学术也有多维的方面，知识的运用也是学术的一个维度。因此，"只有当专业博士与哲学博士在学术上具有同等水平、在研究内容和路径上有明显区别，专业博士学位才能成为被广泛认可的博士学位，而这些都应该体现在专业博士培养目标和培养过程之中"[③]。总之，人才培养质量是最终检验专业博士教育成功与否的最高标准。

由于专业博士体系的发展往往是由某些学科或机构推动的，各国对专业博士学位的项目名称和概念界定、质量标准上都存在很大的不一致性。例如，在美国，专业博士学位既包括与哲学博士同列的研究性学位（research degree），也包括含有少量或没有研究成分的专业性学位（professional degree）。2008年，美国教育统计中心（NCES）"提出了一种博士学位分类体系，将博士学位分为研究型/学术型（doctor's degree—research/scholarship）、专业实践型（doctor's degree—

[①] Quality Assurance Agency for Higher Education. Doctoral Degree Characteristics.Gloucester：QAA，2011：7.

[②] Quality Assurance Agency for Higher Education. Characteristics Statement-Doctoral Degree.Gloucester：QAA，2015：11.

[③] 王东芳，赵琦琪. 美国专业学位博士生教育：历史回顾、基本属性与主要争议. 学位与研究生教育，2021（7）：76-85.

professional practice）和其他（doctor's degree—other）三种类型，并将除了神学领域的第一级专业学位都归类为专业实践型博士学位"[①]。学位命名方式也各不相同，有以具体学科命名的，也有不分学科的统一的专业博士（简写为 ProfDoc 或 DProf）。

2007 年，美国研究生院理事会（CGS）概括出专业博士学位的三个核心特征："尽管人们对专业博士学位的概念存在争议，难以描述，但其核心特征主要有三个：反映和应对来自专业实践领域的需求，这是其他学位无法满足的；强调应用的研究或高层次的实践；攻读专业博士学位的人是专门实践领域的佼佼者，他们通过接受教育将会推进主要实践发展及主要标准的提升，而这种教育是基于知识的和富有创造性的。"[②]很明显，其中的关键词是"实践"，专业博士源于实践，服务实践。1998 年，澳大利亚研究生教育院长和主任委员会强调专业博士学位的目标是发展专业博士生的专业实践，并支持其产生对专业知识发展的独创性贡献[③]。美国专门职业认证协会（ASPA）于 2008 年提出专业博士学位获得者应该具备以下基本能力："①专业实践水平与该学位的教育目标相适应；②充分利用现有的与专业相关的研究，高层次的实践型博士在学术上应对专门职业的进步做出贡献；③充分理解和支持专业人士所做的工作以及他们对社会的贡献；④具备良好的沟通、批判性思维和解决问题的技能；⑤对影响社会福祉的大众议题能够进行识别和表述。"[④]美国学者舍恩（Donald Schon）认为：专业博士学位研究生培养的是"研究型应用性"和"复合型应用性"人才，致力于实践中的具体问题的解决，而这些问题往往具有"不确定性、独特性和价值冲突性"，并不是传统意义上的纯粹技术问题。[⑤]总体来看，专业博士学位是以实践能力提升为导向的应用型学位，强调学生具有一定的理论水平，但突出发展学生对专业知识和专业实践做出独创性贡献的能力。专业博士与哲学博士在培养目标上各有明确而互补的定位，各具不同的价值取向、职能功能、培养目标、课程逻辑与质量标

---

① 郭二榕，沈文钦，王顶明. 法学学位体系和教育规模的中美比较研究. 学位与研究生教育，2020（11）：63-72.
② 李云鹏. 美国专业博士学位的几个关键问题论析. 学位与研究生教育，2014（1）：65-69.
③ Morley M, Petty N. Professional doctorate: Combining professional practice with scholarly inquiry. British Journal of Occupational Therapy, 2010（4）: 186-188.
④ 李云鹏. 美国教育博士专业学位的发展动力与变革模式研究. 南京师范大学博士学位论文，2012.
⑤ 李云鹏. 美国专业博士学位的几个关键问题论析. 学位与研究生教育，2014（1）：65-69.

准，因而不能套用哲学博士的培养模式，而要单独创建符合专业学位属性和博士教育等级要求的独特的培养模式。

我国对专业博士及专业博士教育的说法不太一致，也反映出人们对其价值观的认识，有的采用"专业博士学位研究生教育"，有的采用"博士专业学位研究生教育"。本书使用"专业博士教育"的说法，在英文语境就是"professional doctoral education"，相对而言，既简洁明了，又没有歧义。

（三）培养模式

对"培养模式"概念的界定，目前主要有"系统说""模型说""规范说"等几种观点。[①]系统说认为培养模式是一个系统，既包括内部系统，也包括与之密切相关的外部系统，二者发生信息与物质交换。模型说认为培养模式是指为了实现培养目标，培养主体在一定的教育理念指导和培养制度保障下精心设计的，由若干要素构成的有关人才培养过程的理论模型和操作样式。[②]规范说认为培养模式是教育机构或教育工作者普遍接纳和遵从的实践规范和操作样式。这三种说法从不同角度阐述了培养模式，但其实质上是一致的，都是一种相对固定的人才培养路径，都要求多种相关要素的协同配合。

学者关于培养模式的要素构成的范围和各自功能虽然尚未达成共识，但都把培养目标、招生考试、课程设置、教学组织、科学研究、社会实践、导师指导、质量评价、保障体系等作为普遍的共同要素。本书将培养模式界定如下：在某教育理念的规范和指导下，由培养目标、招生考试、课程设置、教学实施、科研训练、专业实践、导师指导、毕业考核、保障体系等九个要素构成，各要素构成的动态发展的系统结构相对固定，系统功能的发挥依赖于各要素各安其位，要素之间相互作用，并达到某种程度的稳定。

（四）专业博士培养模式

结合《专业学位研究生教育发展方案（2020—2025）》，本书认为专业博士培

[①] 胡艺玲. 我国专业学位研究生培养模式政策文本量化分析——基于政策工具视角. 研究生教育研究，2021（1）：90-97.

[②] 董泽芳. 高校人才培养模式的概念界定与要素解析. 大学教育科学，2012（3）：30-36.

养模式是在某教育思想和某发展理念指导下，在专业博士教育实践过程中逐渐形成的相对稳定的教育组织形式和运行模式，是系统中各要素、结构、功能相互联系、相互作用、相互制约的一个有机体。在一定意义上，专业博士培养模式决定了专业博士教育的质量，决定了能否实现专业博士教育的目的。运行良好的专业博士培养模式必然能够培养成所期望的人才，其教育质量也就有保证。相反，如果培养模式本身有问题，就不可能有可靠的教育质量。当然，专业博士培养模式都是各培养机构根据各自的具体实际设计和实施的依据，都有自身的独特性，难以比较出哪种培养模式最好。其他国家或机构的培养模式难以直接移植到我国，因为需要有很多背后的因素作为支撑。

第一章

专业博士培养模式的理念与系统

第一节 理论基础

一、系统理论

"系统"（system）一词源于古希腊语，是由部分构成整体，含有组合、整体和有序的意蕴。关于系统，系统理论之父贝塔朗菲（Von Bertalanffy）给出的经典定义是"系统可以定义为处于自身相互关系中以及与环境的相互关系中的要素集合"[①]。这个定义强调了系统的基本特征——由多个要素组成，并相互发生关系，且与外部环境发生关系。系统的要素是系统中的最小成分，系统中各要素之间的关系、关系的层次、递次关系等构成系统的结构以及系统要素间的内外部关系按照一定的规律排列组合，表现出来的特征和能力是系统的功能。

系统理论就是基于系统的结构特征，考察研究对象所构成的要素之间的关系，如何优化它们之间的关系使得系统的功能最大化，发现各因素之间关系存在的问题、障碍，寻求最佳结构配置，按需求稳妥处理问题的方法路径，避免整体性的系统崩塌。

（一）系统理论的核心思想

系统理论的核心思想是整体化的观念，强调各要素之间是既相互独立又相互作用的关系，以实现系统功能的最优化和最大化。贝塔朗菲强调，所有研究对象都是一个有机整体，都具备一个系统的基本特征。这个整体不是各要素的简单排列组合，也不是多种要素的简单叠加，而是遵循一定的逻辑关系有机组合而成的统一体，各要素之间既相互独立，又相互联系、相互影响、相互支撑。这使整体

---

① 冯·贝塔朗菲. 一般系统论：基础、发展和应用. 林康义, 魏宏森, 等, 译. 北京：清华大学出版社, 1972：240.

能够发挥超出各要素简单相加总的功能和效果,能够表现出各要素自身无法实现的功能。各要素之间还存在显著异质性,各自发挥着在系统中的积极作用。这些要素绝不是孤立偶然存在的,而是经过实践检验,按照其应该发挥的不同功用和一定的结构次序被置于某个特定的位置上,发挥着独特的作用。通过这种结构的构建,相互独立的各要素形成了一个相对稳定的整体,而且每个要素都具有独一无二的必要性,且依托于整体发挥作用。一旦将某个要素从系统中剥离出去,这个要素就失去了其该有的功用。

系统要素及要素之间关联方式称为系统的结构。"对结构的分类,目前主要有以下两种:框架结构和运行结构。"[①]框架结构是指当系统静止状态时各要素之间的联结方式,运行结构是指系统运行状态时各要素之间相互作用、相互制约的方式。任何系统都不是偶然的,"是在一定的环境中产生、运行、演化的,没有脱离环境而存在的系统,都是环境的产物。系统所产生的、有利于环境中某些事物乃至整个环境的存续与发展的作用,称为系统功能"[②]。系统的功能与系统的结构具有密切的内在关系,结构决定了功能的指向和大小,功能也使结构发生改变。系统论指出,通过改变系统的结构或优化系统内外部环境以及它们之间的关系,使得它们可以相互协同,最终实现系统功能的提升。

系统既强调自身的整体性,也强调对外在环境的开放性。开放性意味着系统与外在环境进行正常的能量和物质交换,从而实现系统内部的不断自我更新和完善,进而形成一种动态平衡、可持续发展的状态。系统与要素的关系除了是总与分的关系之外,其关系也不是永恒不变的。要素自身也是一个相对独立的子系统,从这个意义上来说,系统约束着要素,要素也约束着系统。利用系统的开放性,人们能够更好地把握系统的本质特征,掌握系统运行变化的规律,推动系统可持续发展;明确掌握系统与外在环境之间的关系,发挥环境对系统的积极作用,降低或避免环境的消极作用,同时也利用系统来优化外在环境,实现内外部的和谐和系统的稳定。

各要素在系统中的安排次序呈现层次性。"每个低层次的系统都从属于甚至

---

① 张建功. 中美专业学位研究生培养模式比较研究. 华南理工大学博士学位论文,2011.
② 张建功. 中美专业学位研究生培养模式比较研究. 华南理工大学博士学位论文,2011.

依附于一个更大范围的系统,成为其中的一个子系统,以此类推。"①不同层次的系统独立存在又相互联系,高层次系统由低层次系统组合而成,高层次系统对低层次系统起促进或制约作用,低层次系统对高层次系统起能动的反作用、反制约。"低层次系统作为高层次系统的一个要素,其原本的属性、特征及功用,对于高层次系统的结构、功能起到影响作用。"②高层次系统的目标和结构规制着低层次系统的发展和完善,也对子系统起着规范、约束作用。因此,准确把握系统的各层次结构之间的相互联系与相互作用,对推进系统的和谐稳定与可持续发展十分重要。

系统具有协同性。任何系统都由要素和子系统按照一定的秩序构成,只有各要素相互协调、目标一致时,系统才发挥其应有的功用。如果某个要素功能缺位或发生方向性偏离,就会使整个系统难以发挥应有的功用,而且与外在环境的交互产生困难,有可能因不合时宜而被取消。如果系统是精心设计的科学系统,各要素各安其位、相互协同,就会实现系统功能的最大化,并与外在环境形成和谐共处的良好氛围。

系统论早已涉足教育领域,多关注整体性研究视角,并将系统论方法作为探索教育系统及其要素间相互关系的工具,探索教育科学发展和教育效率提升的路径。教育科学研究对系统论的运用,尤以查有梁的《系统科学与教育》《控制论、信息论、系统论与教育科学》为经典。这两本书的系统论为国内教育界的应用发展做出了表率和突出贡献。系统科学也随着时代的发展而不断发展,新的理论流派相继出现。耗散结构理论、协同理论、突变论相继产生,形成了"新三论"。系统理论也在诸多理论流派的相互作用中不断发展完善。

20世纪80年代,系统论发展进入复杂系统理论阶段。相较于一般系统理论而言,复杂系统理论认为世界上一切事物都自成一个独立的系统,并且是更大系统的子系统。复杂系统理论的思维方式是多元立体全面地看到事物,强调其影响因素的多元性、非线性,甚至突变性。复杂系统理论在教育科学研究领域也迅速发展,代表性著作当首推当代著名哲学家、社会学家莫兰(Edgar Morin)的《复杂性理论与教育问题》。莫兰倡导教育首先要进行深刻的思想改革,要彻底摆

---

① 詹伟峰. 系统理论视角下高校安全教育体系研究. 厦门大学博士学位论文, 2018.
② 詹伟峰. 系统理论视角下高校安全教育体系研究. 厦门大学博士学位论文, 2018.

脱那些陈旧的简单化思维、碎片化认识，以整体的视角审视整个教育系统的结构、特征和发展演变规律，要看到要素有机组合、相互作用才能实现系统的整体功用，并以此为基础对作用于博士培养模式系统及其各要素、系统的机构、系统功能的发挥不断进行优化调整，使系统的内部运行及与外部关系的和谐稳定。

（二）系统理论对专业博士教育的意义

首先，系统理论可以成为研究专业博士教育和优化专业博士培养模式的思维方式。专业博士教育系统是一个由相互关联、相互作用的多要素按照某种特定的方式组合而成的结构性强、功能明显的有机整体。系统的首要特征是整体性，系统的存在及其功用的发挥取决于各要素之间的有机协同，而非简单的叠加排列。整体性的思维方式要求在专业博士教育设计和实施过程中，强调其系统性、一致性、完整性和协同性，精心配置专业博士教育的各要素，使其自身协同达到最优化，然后注重各因素之间的协同，从而使各要素共同作用于教育目标，进而实现专业博士教育系统的功用。

其次，系统理论为专业博士教育提供了理论基础。系统的开放性和包容性使系统内外可以实现信息与资源的交换，以维护系统内外部的平衡。系统的平衡状态依赖于系统内各要素的结构性强、功能顺畅，依赖于各要素之间的有效联结共同实现系统功用。专业博士教育系统要实现平衡，就必须处理好专业博士教育系统内外部系统之间的和谐稳定，从而达到专业博士教育系统的平衡稳定。专业博士教育还应与社会系统协同，适应并引领社会系统的发展方向。实施专业博士教育的各部门要实现协同一致，要构建积极的制度文化并形成高效的运行机制，使专业博士教育在更广泛的教育系统中发挥其应有的贡献。

基于系统视角可以更加清晰地认识专业博士教育，从而更好地处理和解决专业博士培养模式存在的问题。作为一个系统，专业博士教育由多个要素有机组成，要素是否完备、组合是否有效都会影响专业博士教育的效果及功用。从系统理论的视角检视专业博士教育，容易发现其设计及运行中存在的问题，进而寻求相应的解决方案。开放性的属性则要求专业博士教育系统内外的信息和资源进行交流，从而在环境中或更大范围的系统中获取更多资源，进而为专业博士教育的创新优化提供支持。

本书采用系统思维，既深入地研究专业博士教育自身系统，研究其中的要素及其关系，研究专业博士教育系统的结构和功能；又从专业博士教育系统之外更大的系统中思考专业博士教育的内外部关系规律。这样才能从根本上思考和设计新时代我国专业博士培养模式的内涵与本质。"严格的培养过程、良好的支撑条件、稳固的外部协作和完善的质量保障对培养目标的实现有显著的正向影响效果；完善的质量保障对培养过程、支撑条件、外部协作有显著的正向影响效果；良好的支撑条件及稳固的外部协作对培养过程有显著的正向影响效果。"[①]通过系统理论分析专业博士培养模式，其实就是探讨专业博士教育体系中的各要素及其相互关系，分析系统功能及其障碍，实现其系统性功能，发挥专业博士教育的效果。

二、人力资本理论

（一）人力资本理论的核心要义

现代经济学的创始人亚当·斯密（Adam Smith）的《国民财富的性质和原因的研究》奠定了人力资本理论的研究范畴。现代人力资本理论的形成以诺贝尔经济学奖获得者舒尔茨（Theodore Schultz）为代表，他认为人力资本理论是现代经济学的关键问题，人力资源是最重要的资源类型。人力资源是一种客观存在，只有通过一定方式的投资和提升具备一定知识和技能的人力资源，才是社会经济发展的决定性因素。对于经济增长的影响来说，人力资本的作用大于物质资本。人力资本包括人的数量和质量，其中质量是关键。因此，教育投资成为提高人力资本质量的关键途径，是人力资本投资的主要部分。当然，教育投资应满足市场需求和人的发展需求，人力价格的变化往往是人力资本投资的风向标。

人力资本水平是决定经济发展和国家强弱的关键变量，教育投资水平直接影响了人力资本水平，二者呈强正相关。人力资本投资的形式很多，但最常见、最为有效的方式还是教育投资，因为它能促使人的知识、技能和健康达到更高水平，可以获得更高的学历资本、社会资本、升迁资本等。用于教育投资的资本都

---

① 张建功. 中美专业学位研究生培养模式比较研究. 华南理工大学博士学位论文，2011.

是教育资本，是人力资本的最基本要素，是形成人力资本的重要途径。教育投资有鲜明的特征，发挥着特殊功能。教育投资不仅直接获得知识和技能，而且成为人的一种综合素养，成为一种创新能力。通过教育来提高劳动者的素质是内涵式扩大再生产的重要方面。可以说，今天的教育水平决定了明天的科学技术水平，也决定了明天的经济发展水平。

（二）人力资本理论对专业博士教育的意义

世界各国都高度重视教育，许多国家相继实现了高等教育的大众化、普及化，也是基于人力资本理论的传播与推动，期望通过更高水平的教育来提升人的价值和能力。学位是教育经历和学术能力的证明，随着文凭"贬值"，更高等级的学位证书成为任职资格，也成为一些行业职业的入职门槛。一般意义上，个体的学位越高，就越可能获得更高的经济收益和社会地位，这通常与学科专业和学位类型有关系。在美国，口腔医学博士、医学博士和法律博士的经济收益都非常高，这是与美国这些行业发展的形势和国家整体的经济状况相关联的。当前，我国的专业学位还没有与职业任职资格挂钩，专业学位的经济价值往往难以得到充分保证。

专业博士是哲学博士之后建立起来的新的博士学位类型，是为了适应学术职业之外岗位需要的高级任职能力的学位类型。经过符合专业学位特点和博士教育等级的教育，专业博士生具备未来岗位所需的知识能力，成为符合这些岗位合格的人力资本。对于在职人员来说，教育投资有一定的冒险性，但他们通常确信人力资本投资会带来个人资本的提升，也必将促进社会经济的发展，因为教育资本使得人力资本更富有创造性。

从人力资本理论的视角来看，专业博士教育应获得比专业硕士教育更大的收益，应获得与哲学博士教育差不多的经济收益，当然，具体到每个个体，要根据学位获得者从教育中收获了多少知识和能力、是否胜任那些能够带来更大收益的工作岗位而定。一般意义上，专业博士教育也是人力资本投入，学生也投入了巨大的时间成本、机会成本、经济成本，学校和用人单位都做出了很多努力。如果培养模式合理，专业博士教育应该能够带给专业博士生更大的经济收益和更高的社会资本，因此发展专业博士教育在一定程度上能够推动社会发展和个人发展。

第二节 专业博士培养模式的系统

一、专业博士培养模式系统的概念

专业博士培养模式是一个由多个子系统构成的相互联系、相互作用、相互制约的有机整体。"专业博士培养模式是一个复杂的大系统,其中还有若干个子系统,各子系统内部又有多个要素;大系统与子系统之间、子系统和子系统之间、要素和要素之间、要素和子系统之间都存在比较复杂的交叉结构,并显现出一定的制约与促进的多重功能。"[1]各子系统之间"不是简单的机械相加,而是按照一定的规律联系起来的有机结构,具有整体性、关联性、层次结构性、动态平衡性等基本特征。当一个或多个要素发生变化时,会引起其他要素的变化,这种联动变化机制构成了运行方式"[2]。与此同时,专业博士培养模式又"是一个开放的系统,它存在于一定的环境中,并不断与周围环境进行物质和能量交换以保持活力"[3]。如果系统中各要素的结构达到优化,其功能将显著彰显;如果系统结构本身僵化,其本应发挥的功能就会受阻。因此,优化系统结构是保障和提升系统功能的重要途径。优化系统结构主要指的是优化系统内的诸要素及其之间的相互关系,增强各个要素的自身功能及各要素之间的协同作用,从而使系统结构达到优化。专业博士培养模式的系统结构如图1-1所示。

由图1-1可见,专业学位博士培养模式是一个大系统,包含不同的要素;要素与要素之间相互作用又形成了较为复杂的结构,并显现出一定的功能。与此同时,专业博士培养模式又是一个开放的系统,在一定的经济社会环境中,它不断与周围环境进行物质和能量的交换,不断推动整体系统向前发展。其中,最主要的外部环境是设置专业博士学位的院校是否有足够多和足够优质的资源条件投入、激励性制度供给;其次是外部社会环境是否为专业博士教育提供积极的

---

[1] 高磊. 研究型大学学科交叉研究生培养研究. 上海交通大学博士学位论文, 2014.
[2] 张建功. 中美专业学位研究生培养模式比较研究. 华南理工大学博士学位论文, 2011.
[3] 高磊. 研究型大学学科交叉研究生培养研究. 上海交通大学博士学位论文, 2014.

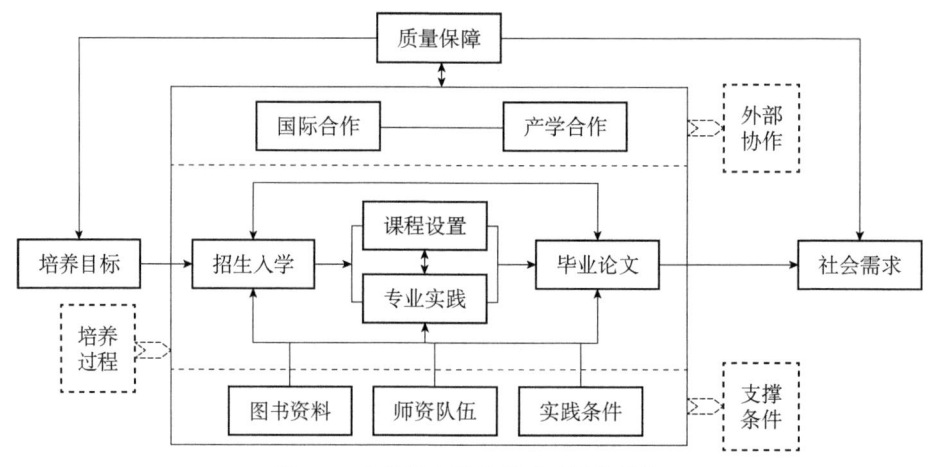

图 1-1 专业博士培养模式的系统结构

支持和良好的氛围。这些外部环境都会对专业博士培养模式系统产生直接或间接的影响。

综上所述，专业博士培养模式就是指以一定的教育理论为指导，围绕培养高层次应用型人才的目标，遵循一定的项目，采用产学研相结合的教学方法，为培养博士生达到增长知识、增强能力及提升素质而形成的组织形式和运行方式。专业博士培养模式的系统性主要有以下三个范畴。

1）要素。系统是相互作用的多要素的综合体。从专业博士培养模式的概念不难看出，其涵盖要素众多，如培养目标、招生考试、课程设置、教学实施、科研训练、专业实践、导师指导、毕业考核、保障体系等。在众多要素中，哪些要素是核心要素，各构成要素的内涵和外延如何，各要素间是如何相互作用、相互激励和相互制约的，都会直接影响系统的状态和功用。只有建立以上要素构成的专业博士培养模式的体系框架，才能从整体上把握其发展趋势，掌握其规律。当然，各因素也不是同等重要的，在不同发展阶段，有的要素要优先给予支持和发展。但要素间必须服从并服务于培养目标，这是一个根本前提。如果要素之间偏离了培养目标，那么要素越强势，就越会产生远离培养目标的结果；各要素如果相互矛盾、冲突，那么系统结构就会紊乱，功能就会弱化，系统就会崩塌。

2）结构。在复杂系统中，系统要素和要素之间的关联方式的总和称为系统的结构。专业博士培养模式构成要素众多，因此，各要素之间及要素内部之间的相互关联，形成了形式复杂各异的结构，如类型结构、层次结构、空间结构等。当然，系统结构的改变必然带来系统功能的改变。要素的变化也会影响结构和功能，其中各要素的优化会带来结构的优化和功能的放大。

3）功能。系统的功能是指系统内各要素排列秩序的总体所产生的效能，它是系统行为所引起的，有利于环境中某些事物乃至整个环境的存续与发展。系统的结构和环境共同决定了其功能。专业博士培养模式在其复杂结构以及外部经济社会发展的大环境的作用下，也会凸显不同功能。一般来讲，系统中各因素结构完整、功能全备，整个系统的功能就会凸显。系统结构越稳定，与外部关系密切的其他系统结构之间关系越稳定融洽，系统功能就越强大。系统功能越强大，越能刺激各因素和系统结构进一步优化，进而形成系统的不断优化升级。

二、专业博士培养模式的系统要素

（一）培养目标

培养目标是所有教育工作的出发点，是设计教育内容、选择师资队伍、运用教学方法、评价教育质量的根本依据。培养模式服务于培养目标，因而培养目标又是设置专业方向、课程体系和教学实施方法主要遵循的原则。培养目标指引着教育实施者采用合适的培养模式，二者是目的与途径的关系。培养目标是人才培养模式中的根基，是培养模式设计及其要素运行、相互作用的基石与原则。当然，培养目标也不是空穴来风，需要根据教育项目所对应的职业岗位的要求而定，需要高校与社会的专业人员对职业进行周密的调研考察，确定职业岗位所需要的知识能力、各项素养，进而设计达到这些要求的路径和所需要的条件，继而招收合适的学生进行教育。

培养目标是实施教育实践的理论指南，规定了人才培养的规格和方向，"所要解决的是'培养什么人''为谁培养人'的根本问题。没有明确的培养目标，教育实践活动就会迷失方向"[①]。培养目标对博士生的招生考试、课程设置、教学实施、科研训练、专业实践、导师指导、毕业考核、保障体系等要素具有统摄

---

① 周叶中. 人才培养为本 本科教育是根——关于研究型大学本科教育改革的思考. 中国大学教学，2015 (7): 4-8.

和规制作用。"科学确定专业博士的培养目标并严格地贯彻执行是使专业博士学位真正成为有独特价值的学位类型的前提。从专业博士学位产生的原因看,它是为了满足社会对高层次应用型专门人才的需要而产生的。"①

随着时代发展,一些职业的专业化程度不断提高,这些职业就会提高从业人员的任职资格,将更高等级的学位作为入职的前提,对在职从业人员也提出越来越高的知识能力要求。专业领域对人力资本和更高学位的需求使专业博士教育得以在许多国家兴起和迅速发展。专业博士是对哲学博士的一种"反动",传统哲学博士聚焦于纯学术理论,为纯粹知识而生产知识,比较忽视对专业领域的应用性研究,但职业需要大量能够解决专业实践问题的人,基于此,专业博士教育应运而生。新的知识生产模式认为,知识经济背景下的知识生产更多的是在应用语境中产生的。

当前,世界范围内一般接纳"研究型专业人员"作为专业博士的培养目标,即具有行动研究和实践反思能力的专家型专业工作者。他们不仅要具有很强的专业工作能力,能解决专业实践领域中的疑难复杂问题,还要具有很强的专业研究能力,担负起生产专业知识的责任,对专业实践知识的生产和专业发展做出独创性贡献。例如,香港科技大学对工商管理博士的培养目标定位是"通过教育使高级管理人员能将理论研究成果运用于解决现实世界中的管理问题,成为商业领域中'学者型领导'"②。哈佛大学从 1920 年起实施的教育博士的目标是"培养能够理解研究、政策与实践及它们之间相互关系的领导者,成为大学教授、高级教育领导者、教育政策制定者和教育研究者"③。注重研究专业领域中的实际问题是专业博士教育的精髓。要解决这些实际问题,就需要提高专业博士生的理论水平和综合能力,这就是专业博士教育培养模式最主要的使命。

确立专业博士培养目标之后,就要在招生考试、课程设置、教学实施、科研训练、专业实践、导师指导、毕业考核、保障体系等方面制定与培养目标相一致的要求,建立一套强有力、独特、密切联系实践的培养体系和质量保障体系,以保证培养目标的充分实现。只有这样,才能使专业博士表现出与哲学博士培养模

---

① 袁广林. 专业博士培养目标定位:研究型专业人员. 学位与研究生教育,2014(11):1-5.
② 袁广林. 专业博士培养目标定位:研究型专业人员. 学位与研究生教育,2014(11):1-5.
③ 李云鹏. 美国教育博士培养的近百年经验. 中国高教研究,2013(5):37-42.

式显著的差异性，既有鲜明的特色，又有与哲学博士学位同样的社会地位。专业博士学位是一种专业学位，其核心培养目标在于培养实践领域的高级专业化人才，实践性是其价值取向，学术性是本质属性之一。"专家型实践者""研究型从业人员"都是其非常贴切的培养目标。

（二）招生考试

招生录取是专业博士教育的第一关，"不仅包括招录的对象，而且包含选拔的标准、方式和内容等"①。在大多数国家，专业博士学位是攻读学位学生的职中学位，招生面向广大社会在职人员，为了保证专业博士教育的质量和公正性，必须严格入学资格和招生质量，把好入口关。"一定的实践背景不仅是专业实践能力发展的基础，同时也是专业知识生产的源泉，一定的工作经验是能够深刻理解专业工作的内涵、特性和意义的基础。"②一定的学术训练和学术水平也是招收专业博士的重要条件，只有这样，才能保证学生完成专业博士教育任务。世界各国大学大都要求报考专业博士的人有相关领域的硕士学位或具有同等学术水平的证明，一定的学术研究能力和学术兴趣也很重要。有些大学还要求考生提交一份详细的研究计划，以展示其工作实践的反思能力、对问题的分析能力、选择研究方法的能力、对专业实践做出贡献的潜力。总之，只有围绕培养目标全面、综合地设计招生考试，才能发现和录取到理想的学生。如果考生学术理想很高但实践能力很弱，这样的考生就不是合适的人选。美国一些大学在专业博士招生时，要组建由在读博士生、学术导师、实践导师等共同参与的招生小组，这样做能较好地招收符合专业博士学位要求的候选人。这是值得我国学习、借鉴的。

（三）课程设置

课程设置是为了实现培养目标，是教学内容及其进程的总和。课程既是专业博士人才培养活动的载体，也是实现专业博士专业培养目标的手段；既是教育之本，也是教学的基本单元。课程建设和实施的质量直接关系到所培养人才的质量。美国、英国和澳大利亚的专业博士教育都非常重视课程设置，其课程数量较

---

① 马爱民. 国际比较视野下的教育博士发展研究. 华东师范大学博士学位论文，2013.
② 袁广林. 专业博士培养目标定位：研究型专业人员. 学位与研究生教育，2014（11）：1-5.

大，结构较复杂，而且对课程学习的要求高、考核严，这是我国专业博士教育较为欠缺的方面。专业博士是面向实践一线工作人员的职中教育，这些人员长期从事事务性工作，往往需要提高理论素养，这就需要理论水平高的教师在课程教学中为其讲解并对其进行引导，帮助其建立理论思维的大厦。

课程往往按照一定的体系（培养博士生某方面的知识能力体系）建构。课程体系包括课程结构、课时数量、课程内容、教学方式、质量标准、考核评价等，是实现培养目标的关键。专业博士的"课程结构不追求理论知识体系的完整性，多数都按模块化来设置，尽管分类方法多样，但一般可以分为核心课程模块、研究方法课程模块、选修课程模块、前沿问题研讨课程模块等，核心课程和研究方法课程都是必修课，而选修课程则会考虑到不同的专业方向的具体要求"①。就此而言，我国专业博士培养模式中的课程设置还是粗放的，研究方法课程、实践类课程数量不足，而且课程模块之间缺乏相互衔接，授课教师相对单一，课程内容相对滞后。这些都是我国专业博士教育亟待解决的普遍问题。

根据专业学位的特点，专业博士的课程内容要明确指向专业实践，不仅要注重基础的学科知识和前沿学术知识，更强调实践型技能知识、跨学科知识，重点是学术知识与专业实践知识的融会贯通。对专业博士来说，理论知识固然重要，但必须与工作实践相结合，在专业实践中能够灵活运用的知识才更有价值。

（四）教学实施

课程的重点是教育内容，是为专业博士生群体专门设计的知识能力体系，但如何进行课程实施是构建专业博士培养模式的重点，采取什么样的教学方式方法决定了专业博士教育的质量，决定了专业博士生是否能够实现专业博士教育培养目标所规定的指标。由于专业博士的特殊属性，其教学方法也应与哲学博士不同。

根据专业博士生的特点，"专业博士的教学方法往往通过设置与博士生密切相关的问题情景，采用案例研讨、情景模拟、田野教学等教学方法，把工作场所、知识生产和专业提高结合起来，使博士生在'做'中实现'学'的目的，在

---

① 袁广林. 专业博士培养目标定位：研究型专业人员. 学位与研究生教育，2014（11）：1-5.

研究中实现知识的融会贯通，在探索中促进知识与能力的实践性发展。采用学术型与专业型教师相结合的模块教学制度，学术型教师教授理论研究性课程"①，因此，来自实践一线的专家担任应用实践型课程的教授更为合适。

（五）科研训练

由于学术性是专业博士学位的内在属性之一，因此开展学术研究也是专业博士教育的规定性内容，尤其是研究方法的训练，是专业博士亟须加强的重要方面。根据专业博士学位的特点和研究问题的实践倾向性，专业博士的科研训练主要包括论文选题、研究设计、研究方法、研究论证和实际运用等。课程教学中研究方法类课程、实践课程、研究选题和论文写作都是一个相互关联、相互影响的体系。研究和经验普遍说明，国内外专业博士生学业失败的原因之一就是在研究方法的学习和训练不够，导致其不能有效地发现和解决研究问题。其中，"专业博士的学位论文要以改进专业实践和对专业实践知识发展作出贡献为目的，研究成果体现应用性和专业独创性，主要是为专业实践和专业实践者发展服务，不仅要在理论框架、方法和技术的发展和运用等方面作出创新性贡献，还要对专业实践发展作出创新性贡献"②。按照这个逻辑，专业博士从事的是应用型研究，其学术训练也应该是有针对性的应用型学术训练，要遵循理论联系实际的原则。

（六）专业实践

由于专业博士具备专业学位的基本属性，更由于专业博士生是在长期的专业实践中成长起来的，专业实践经验和能力是其优势，不仅是进一步学习的基础，还是专业博士教育重点突破的地方。这就需要在专业博士培养过程中，将理论学习、科研训练、专业实践、论文写作等不同环节的要素结合起来。专业实践是哲学博士培养模式没有的或不重要的环节，但对专业博士而言，却是非常必要的。专业博士生来自一线，是实践经验比较丰富的行业专家，因此，其专业实践不应是低水平的考察式实践，而应是深层次、经过精心设计、具有一定挑战性的专业实践，他们应在专业实践环节中训练和提高专业思维、理论思维、综合能力、创

---

① 袁广林. 专业博士培养目标定位：研究型专业人员. 学位与研究生教育，2014（11）：1-5.
② 袁广林. 专业博士培养目标定位：研究型专业人员. 学位与研究生教育，2014（11）：1-5.

新精神等素养。因此，其专业实践是需要导师指导和考核的环节。

（七）导师指导

专业博士是专业学位中最高的学位，在专业博士教育中，"导"是关键。对保障研究生教育的质量而言，导师指导的作用和意义重大。导师队伍的素质、指导方式、指导范围都直接决定着专业博士教育的质量和水平。当然，专业博士生也需要付出努力，并积极配合导师的工作。影响导师指导的因素主要有教师管理制度、教师素质、师生关系等。对专业博士而言，往往存在一个天然的悖论：导师是大学的学者，而学生是实践经验丰富、为发展实践能力的实践性从业人员，可以说他们往往处于理论与实践的两端，彼此的交集较少。这就需要专业博士生导师帮助学生填平理论与实践的鸿沟，或在两者之间架起一座桥梁。但这对长期沉浸在学术研究的导师而言并非易事，因为多数情况下，他们还同时指导着学术型博士生，要想在其中做出清晰的区分，也有很大的挑战和困难。

（八）毕业考核

考核评价不仅可以检查培养的效果，还可以保证培养的质量。"培养评价是指以培养目标为依据，对培养过程及所培养人才的质量做出客观衡量和科学判断。评价可以对培养目标、制度、进程进行监控，并及时进行信息反馈与调节。"[①]考核的主体往往是学科专业内的专家，但在知识生产模式2的框架下，需要更多的利益相关者参与其中，尤其是行业和用人单位，它们有发言权。考核的方式在西方国家也越来越多样化，除了博士论文，其他替代也越来越多地得到认可，而且阶段性考核也得到更多的重视。如果培养机构和导师平时对专业博士生疏于管理，只想要最终的培养结果，那么结果往往会令人失望。

学位论文是衡量教育质量的最重要的指标，"对学位论文质量的评价一般采取同行评议与雇主评议相结合的形式，主要看学位论文解决疑难问题的专业独创性程度。专业独创性与学术独创性不同，主要体现在对实践性知识作出原创性贡献或对理论性知识进行创造性应用方面"[②]。对于专业博士，主要通过学位论文

---

① 张建功. 中美专业学位研究生培养模式比较研究. 华南理工大学博士学位论文，2011.
② 袁广林. 专业博士培养目标定位：研究型专业人员. 学位与研究生教育，2014（11）：1-5.

考查其能否应用理论解决实践中的现实问题，以及其研究成果直接改善实践的效果。专业博士生在学习期间所发表论文的质量、课程作业和学术报告的质量也是其学术水平的重要体现，也应作为评价的重要方面。

对专业博士教育进行评价不仅应注重学术水平（即对专业知识生产和专业技能开发做出创新性贡献），还应注重专业水平（即对专业人员专业能力的训练和提升）。符合用人单位的需求，具有很强的解决疑难问题能力和就业能力也是衡量专业博士培养质量的重要标准。因此，对专业博士教育的评价不仅要重视专业博士学位论文学术水平，还要关注专业实践能力的提升。

（九）保障体系

专业博士教育的质量需要制度保障，制度包括招生制度、学制、导师制度、资助及奖学金制度、质量评价制度、质量保障制度等。除了学校内部制度外，校地合作、校企协作等制度也非常重要，职业任职资格制度对专业博士经验也有直接影响。

为了确保专业博士培养目标的实现和满足专业博士教育对象的需求，只有科学合理地设计培养目标、招生考试、课程设置、教学实施、科研训练、专业实践、导师指导、毕业考核、保障体系等，专业博士教育才能既达到博士教育的质量水准又具有专业学位独特的价值和意义。本书选取培养目标、招生考试、课程设置、教学实施、科研训练、专业实践、导师指导、毕业考核、保障体系等九个关键方面作为分析框架中的培养模式构成要素维度。

三、专业博士培养模式的结构

专业博士是学位体系中的一个组成部分，专业博士培养模式主要基于专业博士自身的属性和特色，有自身的结构体系。其中，培养目标是培养模式的基础和前提，有什么样的培养目标，就会有什么样的培养过程和质量标准。培养过程是培养模式的核心部分，是贯彻实现培养目标的重要阶段。支撑条件是专业博士教育的内外部资源，包括制度、人员、环境、物质等可用资源。外部协作是实现培养目标和培养过程的外部因素，二者必须达到一种和谐共处的状态。质量保障是培养模式质量的控制系统，构成专业博士培养模式的基本结构，若任何方面出现问题，整个系统就会受到影响。

当然，专业博士培养模式系统的结构还与其他系统的结构存在交集，并相互影响，并不是完全独立自洽的存在。比如，专业博士的体系结构与哲学博士的系统结构、专业硕士的系统结构、社会职业的系统结构都有或多或少的关系。概言之，专业博士培养模式系统结构是与其他系统结构同时存在的，是更大系统的一个要素。

四、专业博士培养模式的功能

既然专业博士培养模式是由多个子系统构成的相互联系、相互作用、相互制约的一个有机整体，要充分发挥其积极作用，就需要为专业博士培养创建适宜的生态环境。这个生态环境往往包括社会政治经济文化发展程度、高等教育的发展程度、学位制度、法律法规、思想观念、文化传统、学位的收益、全球化国际化的影响等。通常，要想促进专业博士教育的发展，就要先从改变它的生态环境入手。如此，才能使专业博士与其所属的专业学位体系和博士教育体系相互制衡、相互促进。如果专业博士培养模式发挥积极作用，就会促进整个学位教育体系和博士教育体系的可持续发展。

第二章

我国专业博士教育的历史回溯

第一节 我国专业博士教育的产生与发展

学位制度是一个国家科学技术和教育事业的基本制度。我国专业博士教育经历了从无到有、从小到大的发展过程。从我国专业博士教育产生、发展与壮大的发展进程来看，它大致经历了四个发展阶段：模糊阶段、明确阶段、试点阶段和规划发展阶段。

一、我国专业博士教育模糊阶段（1980—1989 年）

1980 年，《中华人民共和国学位条例》出台，提出学士、硕士和博士三级学位体系，获得学位的人要具备担负专门技术工作和创造性成果的能力。这个界定在今天看来虽然模糊，但为专业博士教育的发展预留了制度空间。《中华人民共和国学位条例》的颁布标志着中国学位制度的正式建立。当时设立的学位是单一的学术型学位，其培养目标是为大学和科研机构培养教师和研究人员。在 1981 年召开的国务院学位委员会第 2 次会议上，临床医学组专家建议将医学博士硕士的培养与临床医生的培养区分开，不能按照同样的方式在同一渠道进行两类不同人才的培养。这一观点引起了人们的广泛关注和普遍重视，也动摇了培养学术型研究人才的根深蒂固的传统观念。此后，国家开始面向社会实践应用领域试点培养高层次专门人才，探索研究生多样化培养的模式变革。

1985 年发布的《中共中央关于教育体制改革的决定》指出，"高等教育的结构，要根据经济建设、社会发展和科技进步的需要进行调整和改革……为了增强科学研究的能力，培养高质量的专门人才，要改进和完善研究生培养制度"。1986 年，国务院学位委员会、国家教育委员会、卫生部发布《培养医学博士（临床医学）研究生的试行办法（西医）》《培养医学博士（临床医学）研究生的试行办法（中医、中西医结合）》，提出"医学博士（临床医学）研究生的培养，应以临床实际工作能力的训练为主，以培养临床高级专门人才为目的"，拉开了医学研究生教育改革的序幕。同年，国家教委下发《关于改进和加强研究生工作的通知》，指出培养高层次人才，不仅要注重培养大学教师和科研人员，而且要注重面向社会实践领域培养应用型高层次专门人才。随后，各个专业开始积极研究面向实践应用领域的研究生人才培养方案。试点工作的开展尽管并未形成具有专业学位培养特色的统一、系统的培养方案，但是各培养机构都积极探索不同于学术型研究生的培养模式，为之后正式的专业学位研究生教育积累了经验。

二、我国专业博士教育明确阶段（1990—2007 年）

改革开放以来，我国经济社会快速发展，行业企业对于高素质应用型人才的需求越来越强烈。1990 年，国务院学位委员会第 9 次会议审议通过《关于设置专业学位调研工作的情况汇报》《关于设置和试办工商管理硕士学位的几点意见》。会议认为设置专业学位是十分必要的。设置专业学位的目的是促进我国应用学科的建设和发展，加速培养应用学科的高层次人才，改变我国学位规格单一的现状。会议提出将"职业学位"的说法修改为"专业学位"。这次会议还对专业学位做出规定性界定："专业学位是为培养在专业和专门技术上受到正规和高水平训练、并在专门技术上做出成果的高层次专门人才而设立，所授学位的标准应反映该专业领域的特点和对高层次人才在专门技术工作能力和学术上的要求。"[1]这次会议还批准设立工商管理硕士（MBA），成为我国第一个专业学位，标志着我国专业学位研究生教育的正式开始。1992 年，国务院学位委员会同意"在确定设置的专业学位中，不再按学科门类授予学位，而是按照专业学位类别授予学位。这是我国学位制度史上的一次历史性飞跃。此后，国家相继在工科、医科、经济管理等领域设置专业学位"[2]。1992 年，国务院学位委员会第 11 次会议审议通过《关于按专业授予专业学位证书的建议》，将我国学位类型划分为学术学位和专业学位两种类型。1993 年，国务院学位委员会确定的当年工作要

---

[1] 黄宝印. 我国专业学位教育发展的回顾与思考（上）. 学位与研究生教育，2007（6）：4-8.
[2] 朱金明. 我国专业学位研究生教育质量保障体系研究. 天津大学博士学位论文，2020.

点之一就是"推进专业学位（工商管理硕士、建筑学和临床医学）的研究和试点工作，并确定以后每次学位委员会都把专业学位作为会议重点之一"①。

1996 年，国务院学位委员会审议通过《专业学位设置审批暂行办法》，第一次对专业学位做出明确界定："专业学位作为具有职业背景的一种学位，为培养特定职业高层次专门人才而设置。专业学位分为学士、硕士和博士三级，但一般只设置硕士一级。各级专业学位与对应的我国现行各级学位处于同一层次。"该文件还对专业学位的设置目的、特点、层次、审批、管理等做了制度化的规定，对我国专业学位教育的规范化发展起到了积极的促进和保障作用。1997 年国务院学位委员会第 15 次会议审议通过的《临床医学专业学位试行办法》，将临床医学专业学位分为硕士、博士两级，由此开启我国专业博士教育的先河，随后，口腔医学、兽医和工程博士先后批准成立。1998 年，教育部印发《面向 21 世纪教育振兴行动计划》，提出"积极稳步发展专业学位研究生教育，进一步完善专业学位体系"。有学者指出，"专业学位作为具有职业背景的一种学位，为培养特定职业高层次专门人才而设置，各专业学位所涉及的有关行业应逐步把专业学位作为相应职业岗位任职资格优先考虑的条件之一"②。

1999 年，我国召开首次全国专业学位教育工作会议。会议对专业学位教育进行了系统总结，"在我国学位与研究生教育制度改革和发展过程中，设置专业学位，不仅完善了我们国家的高等教育体系，符合国际高等教育发展趋势，更重要的是做到了教育要适应和服务于国家经济建设和社会发展的需要。经过十年的努力和建设，专业学位已成为与学术学位并行的一种新的学位类型，专业学位教育特色逐步显现、种类逐步增加、规模不断扩大、制度不断完善，已经成为我国学位与研究生教育工作的重要组成部分，为我国经济建设和社会发展发挥着越来越重要的作用"③。2002 年印发的《关于加强和改进专业学位教育工作的若干意见》对专业学位的概念再一次做出了界定："专业学位，或称职业学位，是相对于学术性学位而言的学位类型，培养适应社会特定职业或岗位的实际工作需要的应用型高层次专门人才。专业学位与相应的学术性学位处于同一层次，培养规格

---

① 黄宝印. 我国专业学位教育发展的回顾与思考（上）. 学位与研究生教育，2007（6）：4-8.
② 张建功. 中美专业学位研究生培养模式比较研究. 华南理工大学博士学位论文，2011.
③ 黄宝印. 我国专业学位研究生教育 30 年. 中国研究生，2021（10）：16-31.

各有侧重。"该文件明确了专业学位的地位和作用,确立了专业学位发展的指导思想,有力地促进了专业学位教育的发展。

总体来说,这一时期,专业学位崭露头角,与学术学位相互补充。

三、我国专业博士教育试点阶段(2008—2010年)

2008年12月,国务院学位委员会第26次会议审议通过《教育博士专业学位设置方案》,提出要调整学术学位和专业学位的比例,积极发展符合我国产业结构特点的专业学位。会议批准了15所院校为第一批教育博士专业学位试点授权单位,2018年增加到27家。这一阶段,专业学位研究生教育还处于制度探索期,国家对此持谨慎发展的态度。

2009年,国家开始招收应届大学本科毕业生攻读全日制硕士专业学位时,单列出专业学位的招生计划。2009年,扩招专业学位硕士研究生,覆盖17个专业学位类别,共计1175个培养单位授权点。2000—2009年,我国新增设立专业学位共计29种,占专业学位类别总数的74%。[①]

我国专业学位发展历程中非同寻常的一年是2010年。这一年,我国专业学位教育政策上实现重大突破。2010年,《国家中长期教育改革和发展规划纲要(2010—2020年)》提出,重点扩大应用型、复合型、技能型人才培养规模,加快发展专业学位研究生教育。

2010年,国务院学位委员会第27次会议通过《关于印发〈硕士、博士专业学位研究生教育发展总体方案〉〈硕士、博士专业学位设置与授权审核办法〉的通知》,明确提出要积极、稳妥地实现战略性转变,硕士研究生教育从以培养学术型人才为主转向以培养应用型人才为主,并规划到2020年实现专业学位教育体系基本完善,培养质量明显提高,研究生教育能够更好地适应经济社会发展需要和满足人民群众需求的目标。该通知对专业学位的概念做出了进一步解释:"专业学位(professional degree),是随着现代科技与社会的快速发展,针对社会特定职业领域的需要,培养具有较强的专业能力和职业素养、能够创造性地从事实际工作的高层次应用型专门人才而设置的一种学位类型。专业学位具有相对独

---

① 朱金明. 我国专业学位研究生教育质量保障体系研究. 天津大学博士学位论文, 2020.

立的教育模式，具有特定的职业指向性，是职业性与学术性的高度统一。专业学位是现代社会发展的产物，科技越发达、社会现代化程度越高，社会对专业学位人才的需求越大，是现代高等教育学位体系的重要组成部分。"[1]该通知指出要高度重视专业学位教育工作，充分认识专业学位人才培养与学术型学位人才培养是高层次人才培养的两个重要方面，具有同等重要的地位和作用。这是专业学位研究生教育第一个十年发展总体设想。"文件明确增设硕士、博士专业学位类别的条件、程序，进一步规范硕士、博士专业学位授权点审核条件、办法，第一次制订硕士、博士专业学位目录，作为专业学位授权审核、学位授予、人才培养和教育统计分类等工作的依据。"[2]

四、我国专业博士教育规划发展阶段（2011年至今）

2011年，《中华人民共和国学位条例》实施三十周年纪念大会提出根据我国经济发展形势及社会经济发展趋势，积极发展专业学位教育，在国家迫切需要的新材料、新能源等领域，加大培养力度，创新培养模式。

2013年，《教育部 国家发展改革委 财政部关于深化研究生教育改革的意见》《教育部 人力资源社会保障部关于深入推进专业学位研究生培养模式改革的意见》相继印发，前者提出改革招生选拔制度，优化人才培养类型结构，推进学术学位与专业学位硕士研究生分类考试，加强实践基地建设，强化专业学位研究生的实践能力和创业能力培养，大力推动专业学位与职业资格的有机衔接；后者提出改革招生制度，完善培养方案，加强实践基地建设，以职业需求为导向，以实践能力培养为重点，以产学结合为途径，建立与经济社会发展相适应、具有中国特色的专业学位研究生培养模式。

随着经济发展方式的转变，新兴产业成为我国发展战略关注的重点。2014年，《关于加强学位与研究生教育质量保证和监督体系建设的意见》《教育部关于改进和加强研究生课程建设的意见》《教育部关于深入推进教育管办评分离　促

---

[1] 《关于印发〈硕士、博士专业学位研究生教育发展总体方案〉〈硕士、博士专业学位设置与授权审核办法〉的通知》. http://www.cdgdc.edu.cn/webrms/wwwroot/zgxwyyjsjyxww/xwyyjsjyxx/gjjl/zcwj/268313.shtml. （2010-11-26）[2021-12-21].

[2] 黄宝印，唐继卫，郝彤亮. 我国专业学位研究生教育的发展历程. 中国高等教育，2017（2）：18-24.

进政府职能转变的若干意见》等一系列文件出台，提出不仅要加强专业学位研究生教育内部质量保障，还要加强外部质量监督体系建设。其中，内部质量保障要求明确学位授予单位第一主体的职责，"要求培养方案的制订要吸收行业部门参与、优化课程建设、强化案例教学和联合培养基地建设，科学制订专业学位研究生实践教学质量的监督与评价办法，保证实践教学质量；外部质量监督体系要求加强教育行政部门的宏观监督与指导，完善政策支撑，同时发挥学术组织、行业部门和社会机构的质量监督作用。这是国家第一次在文件中明确提出专业学位研究生教育的质量监督保障体系概念，并要求构建以学位授予单位质量保证为基础、教育行政部门监管为引导，社会行业企业为辅的质量监督保障体系"①。

2017 年印发的《学位与研究生教育发展"十三五"规划》提出，要"加强博士专业学位的论证和设置工作"。2018 年印发的《关于高等学校加快发展"双一流"建设的指导意见》明确提出，要"加快发展博士专业学位研究生教育"。从此，我国专业博士教育进入规划发展期，得到了跨越式发展。

经过多年的发展，国家愈加重视研究生教育的质量保障体系建设，不断探索健全研究生培养管理体系，现在形成了国务院学位委员会、省级学位委员会、学位授予单位三级质量管理保障体制。2020 年，国务院学位委员会、教育部印发《专业学位研究生教育发展方案（2020—2025）》，明确提出要加快发展专业博士教育，指出"博士专业学位发展滞后，类别设置单一，授权点数量过少，培养规模偏小，不能适应行业产业对博士层次应用型专门人才的需求……专业学位研究生教育发展目标是，到 2025 年，以国家重大战略、关键领域和社会重大需求为重点，增设一批硕士、博士专业学位类别……大幅增加博士专业学位研究生招生数量"。

有研究统计，我国共有 47 种专业硕士学位和 13 种专业博士项目：临床医学博士（1997 年）、兽医博士（1999 年）、口腔医学博士（2000 年）、教育博士（2008 年）、工程博士（2012 年）、中医博士（2014 年）、电子信息博士（2018 年）、机械博士（2018 年）、材料与化工博士（2018 年）、资源与环境博士（2018 年）、能源动力博士（2018 年）、土木水利博士（2018 年）、生物与医药博士

---

① 朱金明. 我国专业学位研究生教育质量保障体系研究. 天津大学博士学位论文，2020.

（2018年）、交通运输博士（2018年）。共有博士专业学位授权点278个[①]，具体见表2-1。专业学位已经成为学位体系的重要组成部分。专业博士涉及教育学、医学、工学3大学科门类，共有262个博士专业学位授权点。随着专业学位研究生教育体系的逐步完善，我国专业学位授权点以及专业学位研究生的招生数、在校生数均实现了快速增长。

表2-1 我国专业学位类别研究生授权点及授予学位数分布

类别名称	授权点	2016—2020年授予学位数量	类别名称	授权点	2016—2020年授予学位数量
电子信息博士	314	178	教育博士	27	408
机械博士	32		兽医博士	12	238
材料与化工博士	20		临床医学博士	44	20 289
资源与环境博士	18		口腔医学博士	19	962
能源动力博士	25		中医博士	20	416
土木水利博士	10				
生物与医药博士	5				
交通运输博士	15				

资料来源：根据学位网数据整理

2019年，我国专业学位研究生共招生474 200人，占研究生总招生人数的58.45%；专业博士学位研究生为10 386人，占博士研究生招生人数的9.87%。[②] 专业硕士学位已经成为硕士学位的主体，而专业博士学位的比例还非常低。但从速度看，我国自1997年开始发展专业博士教育，初期发展缓慢，但近年来发展较快，2009年以来年均递增28%。经过40多年的发展与变革，专业博士教育越发成熟，制度越发完善。我国专业博士发展的重大事件如表2-2所示。

表2-2 我国专业博士发展的重大事件

发展阶段	年份	标志性政策文本或事件
模糊阶段（1980—1989年）	1980	《中华人民共和国学位条例》颁布
	1986	《培养医学博士（临床医学）研究生的试行办法（西医）》《培养医学博士（临床医学）研究生的试行办法（中医、中西医结合）》印发，尝试培养临床医学博士

[①] 马永红，张飞龙. 专业学位研究生教育发展国际趋势及启示. 北京航空航天大学学报（社会科学版），2021（3）：142-150.

[②] 王姗姗，邱均平. 以新发展理念引领专业学位研究生教育高质量发展. 研究生教育研究，2022（3）：75-82.

续表

发展阶段	年份	标志性政策文本或事件
明确阶段 （1990—2007年）	1990	《关于设置专业学位调研工作的情况汇报》《关于设置和试办工商管理硕士学位的几点意见》等文件印发。"职业学位"的提法修改为"专业学位"
	1992	《关于按专业授予专业学位证书的建议》将我国学位类型分为两类：学术学位和专业学位。授予方式也分为两种，即学术学位按学科门类授予，专业学位按专业学位类别授予
	1995	《国家教育委员会关于进一步改进和加强研究生工作的若干意见》，扩大专业学位研究生教育占硕士生教育的比重、强化专业学位教育与岗位任职资格的联系、在原有试点工作的基础上适时增设新的专业学位等
	1996	《专业学位设置审批暂行办法》印发，进一步对专业学位的性质、目标、层次、审批、实施、授予等方面进行了制度化规定，为专业学位研究生教育的发展奠定了制度基础
	1997	开始招收在职人员攻读专业学位研究生，开始招收不脱产攻读的在职研究生。专业博士教育也开始进入试点阶段，临床医学、口腔医学等领域先后开设专业博士学位
	1998	《关于授予具有研究生毕业同等学力人员硕士、博士学位的规定》印发，专业学位可以通过同等学力申请的方式获取
	1999	全国专业学位教育指导委员会（简称"教指委"）陆续成立
	2002	《关于加强和改进专业学位教育工作的若干意见》颁布，明确了专业学位与学术学位研究生培养同等重要，专业学位的发展目标是"培养应用型高层次专门人才"
试点阶段 （2008—2010年）	2008	《教育博士专业学位设置方案》印发，并于2010年开始招生
	2009	《硕士、博士专业学位教育发展总体方案》，积极、稳妥地实现研究生教育的战略性转变，硕士研究生教育从以培养学术型人才为主转向以培养应用型人才为主，并规划2020年的发展目标
	2010	《国家中长期教育改革和发展规划纲要（2010—2020年）》，明确提出"加快发展专业学位研究生教育"，强调专业学位和学术学位分别"是高层次人才培养的两个重要方面"，再次强调两者在人才培养工作中"具有同等重要的地位和作用"。 开展专业学位研究生教育综合改革。提出在课程体系、师资队伍、教学内容与方式等方面实现创新，并构建"以职业需求为导向，以实践能力培养为重点，以产学结合为途径，建立与经济社会发展相适应、具有中国特色的专业学位研究生培养模式"
规划发展阶段 （2011年至今）	2011	颁布《工程博士专业学位设置方案》，2012年开始招生
	2012	开展专业学位研究生教育综合改革
	2015	开展深化专业学位研究生教育综合改革。 《专业学位类别（领域）博士、硕士学位基本要求》印发，规范了对专业学位研究生的基本要求
	2016	全国专业学位水平评估中心在法律等8个专业学位类别启动了专业学位水平评估试点工作
	2017	为了统筹工程硕士和工程博士专业人才培养，将工程专业学位类别调整为电子信息、机械、材料与化工、资源与环境、能源动力、土木水利、生物与医药、交通运输8个专业学位类别

续表

发展阶段	年份	标志性政策文本或事件
规划发展阶段（2011年至今）	2018	专业学位水平评估结果首次公布。 发布《学位与研究生教育发展"十三五"规划》
	2020	全国研究生教育会议召开，提出以国家重大战略、关键领域和社会重大需求为重点，增设一批硕士、博士专业学位类别，实施国家关键领域急需高层次人才培养专项招生计划
	2020	《专业学位研究生教育发展方案（2020—2025）》印发，指出"专业博士培养定位是某一专门领域的高层次应用型未来领军人才"，要"大幅增加博士专业学位研究生招生数量"

第二节 我国专业博士教育的主要成就与问题

经过30多年的发展，我国专业博士教育取得了重大成就，而且成绩是主要的，当然问题也不容回避。

一、初具规模，但结构亟待优化

专业博士教育为国家培养了一大批高水平应用型人才。单就规模来看，我国专业博士还有很大的扩展空间。2018—2019年度授予博士学位人数，美国为18.8万，我国为6.6万；硕士学位人数，美国为83.4万，我国为70.2万；学士学位人数，美国为201.3万，我国为441.8万。①这说明我国博士教育的存量和当下的规模与高等教育的体量不相称，当然，我国在博士教育的资源和经验也有很多不足。从各专业博士的培养目标来看（表2-3），它还比较笼统，而且临床医学和口腔医学几乎完全相同。但从另一个角度来看，我国高等教育的存量和增量都已经超过美国，我国专业博士发展的需求量非常庞大，只要政策允许，就会快速发展起来。

---

① Table 310. Degrees conferred by degree-granting institutions, by level of degree and sex of student: Selected years, 1869-70 through 2021-22. https://nces.ed.gov/programs/digest/d12/tables/dt12_310.asp；各级各类学历教育学生情况. http://www.moe.gov.cn/jyb_sjzl/moe_560/2020/quanguo/202108/t20210831_556364.html.[2021-12-25].

表 2-3 1997—2014 年我国部分高校专业学位博士生教育培养目标

专业	设立年份	培养目标
临床医学	1997	具有较严密的逻辑思维和较强的分析问题、解决问题的能力，熟练地掌握本学科的临床技能，能独立处理本学科常见病及某些疑难病症，能对下级医师进行业务指导
兽医	1999	面向动物医疗、动物检疫、动物保护、畜牧生产、兽医执法与管理等部门培养高层次应用型、复合型人才
口腔医学	2000	具有较严密的逻辑思维和较强的分析问题、解决问题的能力，熟练地掌握本学科的临床技能，能独立处理本学科常见病及某些疑难病症
教育	2008	造就教育、教学和教育管理领域的复合型、职业型的高级专门人才
工程	2012	具有相关工程技术领域坚实宽广的理论基础和系统深入的专门知识；具备解决复杂工程技术问题、进行工程技术创新以及规划和组织实施工程技术研究开发工作的能力；在推动产业发展和工程技术进步方面作出创造性成果
中医	2014	热爱中医药事业，具备良好的专业素质和职业道德，掌握坚实宽广的中医基础理论、系统深入的专科知识和临床技能，具有较强的传承创新能力和实践创新能力，结合临床开展研究并做出创造性的成果，能够独立从事中医临床、教学科研工作的高级专门人才

资料来源：根据中国学位与研究生教育信息网整理. http://www.cdgdc.edu.cn/.

二、建立了基本的学位制度，但亟待完善

经过 30 多年的发展，我国逐步构建了国家主导、行业指导、社会参与、高校主体的专业博士教育发展格局，实现了从单一学术型博士学位到两种博士学位共同发展的历史性转变，但也存在设置机制不够灵活的问题，我国专业学位教育依然存在一些制约其更好、更快发展的深层次矛盾和问题。《专业学位研究生教育发展方案（2020—2025）》指出，"发展机制需要健全，在学科专业体系中的地位需要进一步凸显，人才需求与就业状况的动态反馈机制不够完善，与职业资格的衔接需要深化，多元投入机制需要加强，产教融合育人机制需要健全，学校内部管理机制仍需创新"。虽然高校与地方行业企业被要求联合培养专业博士，但联合的力度还有待加大。

近年来，国家高度重视专业学位研究生教育，出台了非常利好的政策文件，但专业学位要想真正获得社会的认可还有很多工作要做，比如，对专业培养过程中的制度支持力度还有待加大，尤其是课程设置、实践训练、实践基地、毕业考核、质量评价、质量保障等方面的制度亟待改进，因为其中不仅有一些不符合专业学位属性的因素，还有一些学术性学位的固有规定。这些问题在一定程度上阻

滞了专业博士教育的良性发展。

三、初步建立了培养模式，但还不成熟

我国初步形成了产教融合的专业学位培养模式，但对专业博士教育的认识还需要进一步深化，比如哲学博士培养模式在很大程度上成为专业博士排名模式的模板，存在大量雷同现象，专业博士教育的专业性、实践性不突出等问题仍然是困扰专业博士教育发展的突出问题。如果没有与专业博士相适应的专业博士培养模式，就不可能实现专业博士应有的教育质量和社会贡献。这既需要专业博士教育培养机构根据我国实际长期实践摸索，也需要借鉴国外成熟的成功经验。

长期以来，我国博士教育的培养主体单一，大学按照所熟悉的哲学博士教育的思维方式和培养路径进行博士教育，导致专业博士学位学术性有余，实践性和应用性不足，特色不明显。专业博士招收的都是在职工作人员，甚至大部分是管理岗位的骨干，这种兼职在读、进校不离岗的培养方式，很难保证有效的学习时间和充分的投入。目前我国专业博士的招生规模偏小，有的培养单位人数过少，不足以形成规模。为了降低办学成本，学校往往让专业博士生与学术性博士生一起参加共同的专业课程，此外的学术活动往往十分贫乏。又由于选择专业博士生的学术功底一般不强，加上他们没有足够的课程学习和学术训练，使得一些专业博士生没有足够的能力完成博士论文，进而造成毕业困难。专业博士的师资基本上是大学教授，他们同时也是哲学博士生的教授和导师。他们一般是优秀的学者，但往往对实践现状有所轻视，很可能按照培养哲学博士生的方式来培养专业博士生。培养方案和质量标准基本是哲学博士教育的翻版，学校与社会行业企业之间缺乏有效的合作互动，博士生本来的实践经验优势得不到利用和发挥，其学术理论由于基础薄弱、训练不足、投入不够而提高缓慢。这就很容易造成专业博士生难以按时完成符合考核质量的博士论文，继而导致无法按时毕业，直接影响专业博士生的发展，进而影响专业博士教育的发展。虽然不能完全按照毕业率来衡量专业博士教育的质量，但专业博士生经过4年甚至更长时间的投入却不能毕业，对个人及其工作单位都是不小的损失，而且在一定意义上，专业博士生的质量是专业博士培养模式优劣的直接证明。

第三章

国外专业博士培养模式的嬗变

实际上，世界上最早的学位就是专业学位。有学者指出，"13 世纪的巴黎大学就已出现专业博士学位的雏形，基于神学、法律和医学等职业需要，对从业人员的职业能力进行认定，允许其成为职业行会正式参与成员的资质"[①]。近代以来，哲学博士成为大学教育质量的金标准，"哲学博士"成为大学教育的最高水平的代名词，也成为大学教师和学者的入职资格。但随着知识经济的来临，传统的哲学博士已经难以独立支撑博士教育的大厦。西方发达国家的哲学博士教育普遍存在学制时间长、就业准备不充分、学术之外的能力缺乏等自身问题，而且学术领域之外的各行各业对博士学位也有越来越多的需求，而这些需求与哲学博士培养目标不完全一致。从一定意义上说，知识经济社会的来临、全球高等教育大众化和普及化的渐次实现促进了博士教育的多样化，催生了专业博士。世界上专业博士教育比较发达的国家是美国、英国、澳大利亚等，本书选择这三个专业博士教育发达的国家，考察它们的发展历史和办学经验，以对我国有所启示。

第一节 美国专业博士教育的发展与变革

一、发展历程

美国专业学位高等教育的发展是随着高等教育扩张开始的，这种扩张主要是在文理学院之外新建专业学院，赠地学院及州立大学运动促进了大量专业学院及应用性学科专业的诞生。工业革命的到来也亟须大量专业人才。在文理通识教育的基础上增加专业教育，在学术学位之外增设专业学位，成为 19 世纪末美国高等教育的一大风景。随着美国进入工业社会，实用主义思想传播、赠地运动与州

---

① 李拓宇. 知识生产、学科演化与专业博士学位. 高等工程教育研究，2019（5）：132-138.

立大学运动、高等教育大众化等都促进了专业博士教育的产生与发展。哥伦比亚大学于 1767 年设立医学博士，于 1870 年设立法律博士。但现代意义上的专业学位高等教育始于 1908 年哈佛大学授予的第一个工商管理硕士学位，1921 年哈佛大学授予的第一个教育博士学位，对其他大学形成了示范效应，大量的专业学位被广泛设立。1940 年，美国专业博士学位授予数已占博士学位授予总数的 18%。①

二战后，美国高等教育实现大众化，20 世纪末实现普及化，同时产业升级和科学技术快速发展，刺激了社会对高层次应用型人才的需求。而传统的哲学博士学位因其过于学术性、培养周期长等问题难以完全满足社会新的需要，而专业博士恰恰满足了这种需求。因此，专业博士教育受到越来越多的重视，呈现蓬勃发展的态势。2008 年，"美国将原有的学位分类进行了调整，将绝大多数第一专业学位（First Professional Degree）更名为专业实践型（Professional Practice）博士。按照新的分类标准，2000—2014 年，美国专业实践型博士学位授予人数增长近两万，约占博士学位授予数总增长额的 1/3。无论公立或私立，大部分美国顶尖研究型大学的专业实践型博士学位与学术型博士学位授予数旗鼓相当。在博士研究生层次，全美有 500 多个学科领域可授予博士学位，除传统的哲学博士以外，有 56 种博士专业学位，10 种第一职业学位"②（表 3-1）。这种变化在一定意义上反映了人们对专业博士学位的认可。

表 3-1 美国主要专业博士一览表

博士学位	名称	缩写	博士学位	名称	缩写
Doctor of Ministry	神学博士	D.Min.	Doctor of Health Science	健康科学博士	D.H.S.
Doctor of Practical Theology	实践神学博士	D.P.Th.	Doctor of Podiatric Medicine	手足医学博士	D.P.M.
Doctor of Biblical Studies	圣经研究博士	D.B.S.	Doctor of Chiropractic Medicine	整脊医学博士	D.C.
Doctor of Counseling	咨询博士	D.COUN.	Doctor of Pharmacy	药学博士	Pharm.D.
Doctor of Educational Ministry	神学教育博士	D.ED.Min.	Doctor of Computer Science	计算机科学博士	D.C. Sc.
Doctor of Church Music	教会音乐博士	D.C. M.	Doctor of Professional Studies/ Counseling	专业咨询博士	D.P.S.

① 胡冰玉. 中美专业学位硕士研究生教育比较研究. 华南理工大学硕士学位论文，2011.
② 王传毅，赵世奎. 21 世纪全球博士教育改革的八大趋势. 教育研究，2017（2）：142-151.

续表

博士学位	名称	缩写	博士学位	名称	缩写
Doctor of Pastoral Music	田园音乐博士	D.P.M.	Doctor of Physical Therapy	物理治疗博士	D.P.T.
Doctor of Sacred Music	宗教音乐/圣乐博士	D.S. M.	Doctor of Management	管理学博士	D.M./D.Mgt
Doctor of Worship Studies	礼拜研究博士	D.W.S.	Doctor of Audiology	听力学博士	Au.D.
Doctor of Social Work	社会工作学博士	D.S.W.	Doctor of Nursing Practice	临床护理博士	D.N.P.
Doctor of Speech-Language Pathology	语言病理学博士	D.S. L.P.	Doctor of Nurse Anesthesia Practice	麻醉护理博士	D.N.A.P.
Doctor of Medicine	医学博士	M.D.	Doctor of Behavioral Health	行为健康学博士	D.B.H.
Doctor of Dental Surgery	口腔外科博士	D.D.S.	Doctor of Occupational Therapy	职业治疗博士	D.O.T.
Doctor of Medical Dentistry	牙科医学博士	D.M.D.	Doctor of Psychology	心理学博士	D.Psy./Psy.D.
Doctor of Veterinary Medicine	兽医学博士	DV.M./V.M.D.	Juris Doctor	法律博士	J.D.
Doctor of Optometry	验光博士	O.D.	Doctor of Jurisprudence	法学博士	D.Jur.
Doctor of Osteopathic Medicine	骨科医学博士	D.O.	Doctor of Naturopathic Medicine	自然疗法医学博士	N.D./N.M.D.

博士学位的规模在学科领域中的分布也需要根据社会需求进行调整。美国在2017—2018学年授予博士学位184 000个，62%集中在两个领域：健康专业及相关的有80 300个、法律专业有34 500个；并且跨学科研究从3400个到10 200个，增长198%。[①]其他占比较大的领域为教育（7%，12 800个），工程（6%，10 800个），以及生物和生物医学科学（4%，8200个）。2000—2001学年和2017—2018学年，授予的博士学位数量在接下来的三大领域中每个领域都有所增加：教育（6300个到12 800个，增长103%），工程（5500个到10 800个，增长96%），以及生物医学和生物医学科学（5200个到8200个，增长58%）。这种专业博士学位的系统结构反映了美国的社会需求的不平衡。当然，各培养单位也会按照自己的学科专业优势来发展不同的学位类型。但对那些基于需求层次提升的大学，设置专业博士学位是一种进入博士教育层次高校的捷径，而且会带来可观

---

① Table324.50. Degrees conferred by postsecondary institutions in selected professional fields, by sex of student, control of institution, and field of study: Selected years, 1985-86 through 2017-18. https://nces.ed.gov/programs/digest/ d19/tables/dt19_324.50.asp.[2021-12-25].

的经济收益和良好的社会影响，所以它们都争先恐后地举办专业博士教育。

二、主要特点

（一）制度完善，设置政策灵活

美国大学拥有办学自主权，可以相对自主地设计学科、专业、培养类型，也容易根据市场需要变化及时调整。美国一些大学由于经济财政的巨大需求，热衷于设置社会需求较大、就业前景好的专业博士项目，根据社会需要及时、灵活地增设受社会欢迎的专业博士，使得专业博士的培养数量、规模和学科种类激增。在美国，只要培养质量能够通过专业评估认证，大学就可以自行设置新学位项目，并废除不合时宜的旧学位项目。

（二）培养模式成熟，特色鲜明

当前，专业博士学位已经成为美国博士教育体系的重要组成部分，但集中在教育、工程、医学、法律和商业管理等与实践性职业联系相对紧密的领域。在美国，不仅在同一所大学内设两类学位的现象非常普遍，在同一学科内这一现象也非常普遍，博士生选择学位类型的主要依据是项目的培养目标、教育计划及工作取向。经过不断探索，美国专业博士培养在培养目标、招生、课程设置、教学方式、实践能力、论文要求等许多方面形成了与哲学博士不同的特色。

1. 培养目标

与以培养学术型人才为主要目标的哲学博士不同，美国专业博士学位以培养高层次复合型实践专业人才为目标，所以专业博士学位获得者的基本要求是通过高水平的专业训练，并掌握一定的专业理论知识。宾夕法尼亚大学与加州大学洛杉矶分校教育领导博士的培养目标是造就教育领域高水平的领导者，体现了其应用实践性的专业特点。约翰·霍普金斯大学和华盛顿大学圣路易斯分校设置医学博士-哲学博士双学位（M.D.-Ph.D.）的出发点是希望通过本科与研究生水平专业研究训练的有机结合，向博士生传授医学基础专业知识，为其提供专业临床实践训练，从而培养专业的医学科学家。美国大学在明确专业博士学位培养目标时，均以实践性为价值取向，以满足社会对人才培养的需求。从中能够看出，虽然很难找到不同学科专业博士的共同点，但其中的关键词还是"实践"和"研究"。

2. 招生

美国专业博士的招生方式灵活，不将考试成绩作为唯一的标准，实践能力是考察重点。专业博士没有全国统一的招生管理体制，招生由行业和高校自主组织，没有招生指标限制，各校组建招生委员会负责招生工作，"而且吸纳在校生参加招生工作，博士生不仅参加招生委员会对招生政策、方针的审议，而且参加考生面试、调查、走访和考生申诉代理等工作。博士生能够真正参加到学校招生工作中，对增强招生工作的透明度、维护招生公平具有实质性意义"[①]。这种多元主体构成的专业博士招生队伍能够较好地考查考生的综合素质，招收到较为理想的专业博士生。

美国大学在专业博士学位入学申请方面的统一要求体现了专业博士学位申请的共性特征，但各个学校在具体规定方面的不同点则反映出招生环节的灵活性和自主性特征。各大学招生委员会"仔细考察博士生的工作经历、综合权衡博士生的知识技能和发展倾向。例如，在招生面试时，博士生需要回答的问题主要有：谈谈你近期与长期的专业目标？专业博士学位如何帮助你实现这些目标？你将对专业博士项目做何贡献？你认为所在专业最迫切的需要和机遇是什么？你如何应对挑战以对专业发展做出贡献？通过这些问题的回答，招生委员会可以更深入地了解博士生的思维水平和对未来的发展志向"[②]。这些招生设计反映了美国专业博士招生的重要性和谨慎性，对形成专业博士教育良好的氛围非常有利。

3. 课程设置

专业博士生入读后，首先进行1—2年的课程学习。美国研究生教育课程多是世界上有名的，这反映出美国大学对课程的重视，它们认为课程是教育的"黑匣子"，成功的要素都在课程里隐藏着。美国专业博士课程设置的基本特点就是课程数量多、结构多元、形成模块、考核严格。基本的原则是：课程设置以培养目标为导向，凸显专业博士学位特色。美国大学十分重视对课程设置的研究

---

① 李云鹏. 美国教育博士专业学位的发展动力与变革模式研究. 南京师范大学博士学位论文, 2012.
② 李云鹏. 美国教育博士培养的近百年经验. 中国高教研究, 2013 (5): 37-42.

和改革。

专业博士学位的课程设置存在许多共性特征。第一，课程种类、课程数量多。美国专业博士学位开设的课程种类一般包括专业核心课程、专业选修课程、研究方法类课程、选修课以及实践类课程。专业核心课程可以为不同的专业博士提供系统的专业基础知识；专业选修课程的设置是为了满足博士生的个人需求，注重知识的广度，博士生可以根据自己的学习兴趣和论文研究方向以及其他有利条件，进行有目的、有选择的学习；研究方法类课程旨在让所有专业博士生掌握必要的研究方法，为博士生将来撰写毕业论文打下基础；选修课是为了满足学生多样化的兴趣需要，也为了拓展学生的知识视野；实践类课程是为了培养和锻炼学生的实践能力，也使得理论学习与实践操作结合起来。专业博士学位的课程结构都包含基础理论知识和实践经验类课程。第二，以专业理论课程学习为辅，以应用实践性训练为主。专业博士学位作为一种专业学位，必然重点培养博士生实践能力。因此，在专业博士培养过程中，非常重视博士生的实践训练，宾夕法尼亚大学专门开设了"研究学徒制"课程；加州大学洛杉矶分校开设了"连续性现场实践"课程；约翰·霍普金斯大学和华盛顿大学圣路易斯分校为医学博士开设了"医学临床实践项目"。第三，培养方式和学习形式灵活。在专业博士培养过程中，学习形式均为群体学习或集体学习，加州大学洛杉矶分校教育领导博士的博士生入学之后会组成一个个学习小组。第四，鼓励博士生进行跨学科、跨院校的课程学习。跨学科、跨院校等交叉综合课程的学习不仅可以开拓博士生的学术视野，还可以提升博士生的综合素质。

4. 教学方式

美国专业博士的教学方式非常多样化，案例教学、实践教学、现场教学较为普遍。群组学习的方式非常普遍，就是充分发挥专业博士生实践经验丰富和成人学习的特点，让学生组成学习和研究群组，在一起上课、研讨、实践，甚至一起完成博士论文，这就是研究学习共同体和研究共同体。美国各专业博士项目都设有自己的研讨课，就是师生在一起围绕严格主题进行研讨，各抒己见，相互批评，相互提出建议，这是行之有效的学习和研究方法。博士生之间的沟通交流比较充分。"美国实行导师制与指导委员会相结合的混合指导方式，指导委员会主要负责引导博士生如何进行诸如课程选择、学习计划的制定、论文设计等，而导师主要负责学术论文。专业博士的导师常常是综合性人才，集研究、实践与应用于一体，有时具有丰富实践经验的社会实践工作者是专业博士的第二导师。具有教育博士学位的教师，他们都有着长期从事中小学教学以及相关领域的工作经验，同时还始终保持着与自己研究领域相关的实践工作领域的联系并积极参与其中。"[①]这种双师型组合的导师制度符合专业博士学位特点。

5. 实践能力

美国非常重视培养专业博士生将理论付诸实践的能力，通过企业实习、设计项目等方式来加强专业博士生的实践能力，为此专门设立了实践训练课程和实践训练环节。校企合作的联合培养项目也十分普遍，这就更加方便专业博士生的实习实践。美国在专业博士的培养过程中选择了多元化的评价方式，对博士生进行层层把关。一般而言，美国大学在专业博士培养过程中会设置口试、资格考试以及学位获得资格考试等考核项目。专业博士学位的课程考核通常会采用口试或者笔试考试的形式。为了保证考试公平性和专业性，大学都成立了"考试委员会"。考试委员会通常在课程结束之后确定考试范围，如果博士生第一次未通过口试，考试委员会给予博士生一次补考的机会。博士生如果补考仍未通过，将直接失去获得博士学位的资格。口试一般在博士生入学之后的第一学年与第二学年的暑假进行，哈佛大学法学院法律博士的口试一般在第一年举行，考试时间为两个小时。口试考查博士生学习领域的掌握情况，教师也要为博士生下一阶段的学习计划提供意见和指导。斯坦福大学规定法律博士完成课程学习之后要参加口试考试。口试的主要目的是考查博士生课程学习的掌握情况。资格考试是所有考核项目中难度最大的一项考试。宾夕法尼亚大学规定教育领导博士研究生在完成学校规定的所有课程和研究要求之后必须参加资格考试，旨在考查、评估博士生的研究计划以及独立开展论文研究的能力，参加资格考试是博士学习生涯中一个重要的里程碑，只有通过资格考试的博士生才能进行学位论文的写作，才有资格申请博士学位。

---

① 李云鹏. 美国教育博士专业学位的发展动力与变革模式研究. 南京师范大学博士学位论文, 2012.

6. 论文要求

博士论文是检验博士教育质量的通用手段。"美国专业博士的毕业评价由各学校自己进行，相互之间差异较大。总体上包括课程成绩、实践成绩、毕业论文、毕业设计等内容，各学校的差异主要体现在毕业论文和毕业设计两个方面。有的学校的某些专业没有论文要求，完成设计项目即可。"①专业博士论文的最显著特征就是面向实际，突出应用性特点。专业博士关注专业领域的实际问题，运用所学的理论知识、积累的实践经验以及掌握的研究方法解决这些问题。加州大学洛杉矶分校明确规定环境科学与工程专业博士的学位论文要研究环境领域的一个实际问题并能够解决这个问题。这就凸显了专业博士学位的独特属性，与专业博士学位的价值取向相一致。

美国专业博士学位论文有四个共同特征：第一，在学位论文的指导与监督方面，大学对专业博士生毕业论文的指导实行以主导师为主的"指导委员会制"联合指导形式。博士生导师与学校组织的专业指导人员全程参与专业博士学习计划、论文研究计划的制定，并且对博士生写作论文的整个过程给予专业咨询和指导。"指导委员会的规定性职责是阅读博士论文，同时在博士生需要时提供指导。"②加州大学洛杉矶分校、斯坦福大学、哈佛大学还成立了学校层面的"博士委员会"，它与导师一起对博士生学位论文进行指导和监督。第二，在专业博士学位的日常培养过程中，学校非常重视对博士生撰写学位论文所需要的研究方法类知识的传授，宾夕法尼亚大学和加州大学洛杉矶分校专门为教育领导博士生开设了数量可观的研究方法类课程，为博士生撰写毕业论文打下基础。第三，在博士生进行实践训练的过程中，大学重点让博士生参与与自己学位论文相关领域的研究。第四，在博士生完成学位论文之后，学校组织专业机构、专业人员对博士生的学位论文进行评审，以保证学位论文的质量。研究生或博士委员会和指导委员会都是美国大学专门为专业博士生设置的专业论文指导和评审机构。当然，具体到某个学科专业，其博士论文的质量标准都需要精心设计和充分论证。

---

① 何剑彤. 基于协同理论的专业学位研究生培养模式系统结构与机制研究. 大连海事大学博士学位论文，2015.

② 王东芳. 美国博士生培养的理念与制度. 高等教育研究，2013（9）：54-60.

第二节　英国专业博士教育的发展与变革

一、发展背景

20世纪60年代，英国高等教育进入大众化，高等教育结构发生了重大变化。一批新的应用型大学得以创办，并加强了应用学科的建设。随着政府对大学投入的减少，大学与社会的联系更加密切。同时，学历提升的需求越来越大，技术大学和多科性技术大学在80年代开始引入美国的专业博士学位。20世纪90年代以来，"英国的博士教育面临着来自政府和市场两方面的要求：一是博士生的培养项目应该着眼于博士生的职业发展需求，使博士毕业生具有更强的就业竞争力；二是博士生教育应该提供更明确、更有效的研究训练，使博士生具备诸如管理、企业和教学领域通用的、可迁移的研究能力"[①]。

博士教育的主导观念由"以学科发展为中心"转变为"以博士生发展为中心"，专业博士教育把博士生的实践能力发展放在了中心地位。专业博士学位则适应了这种需求。同时，政府也开始关注哲学博士学位的诸多问题，控制哲学博士学位的规模，利用国家宏观政策推动专业博士教育的发展。

20世纪90年代是英国专业博士发展的黄金期。1991年，布里斯托尔大学授予英国第一个专业博士学位。1992年，华威大学、曼彻斯特大学设置了工程博士，工程博士的设立是工程和物理科学研究协会（Engineering and Physical Sciences Research Council）动议的结果，这一组织为工程博士生提供经济资助，使得英国工程博士从一开始就得益于行业企业的参与，校企合作的模式根深蒂固。1998年英国授予专业博士的大学和项目数量如表3-2所示。1998—2009年，专业博士规模几乎增长了两倍，专业博士学位项目从109个上升到308个。[②]2015年增长到320个，分布在70多个专业。[③]

[①] 李小丽. 英国专业博士学位教育发展研究. 河北大学博士学位论文，2020.
[②] Brown K，Cooke C. Professional Doctorate Awards in the UK. UK Council for Graduate Education，2010：9.
[③] Mellors-Bourne R，Robinson C，Metalalfe J. Provision of professional doctorates in English HE Institution. Higher Education Funding Council for England，2016：27.

表 3-2　1998 年英国授予专业博士的大学和项目数量

专业博士学位名称	缩写	大学数	项目数
教育博士（Doctor of Education）	Ed.D.	24	29
医学博士（Doctor of Medicine）	M.D.	18	20
临床心理博士（Doctor of Clinical Psychology）	D.ClinPsy.	17	19
工商管理博士（Doctor of Business Administration）	D.B.A.	9	9
工程博士（Doctor of Engineering）	Eng.D.	8	8
心理博士（Doctor of Psychology）	D.Psych.	4	4
教育心理博士（Doctor of Educational Psychology）	D.Ed.Psy.	4	4
音乐艺术博士（Doctor of Musical Arts）	D.M.A.或 A.Mus.D.	2	2
建筑学博士（Doctor of Architecture）	D.Arch.	2	2
兽医科学博士（Doctor of Veterinary Science）	D.Vet. Med.或 D.V.Sc.	2	2
牙医科学博士（Doctor of Dental Science）	D.D.Sc.	2	2
公共卫生博士（Doctor of Public Health）	Dr.P.H.	1	1
心理咨询博士（Doctor of Counselling Psychology）	D.Couns.Psy.	1	1
职业心理学博士（Doctor of Occupational Psychology）	D.Occ.Psych.	1	1
临床心理治疗博士（Doctor of Clinical Science Psychotherapy）	D.Clin.Sci-Psychotherapy.	1	1
精神治疗博士（Doctor of Psychoanalytic Psychotherapy）	D.Psych.Psych.	1	1
神学博士（Doctor of Theology）	Th.D.	1	1
美术博士（Doctor of Fine Art）	D.Art.	1	1
基于工作学习博士（Doctor of Work-based Learning）	D.Prof.	1	1

资料来源：Powell S，Long E. Professional Doctorate Awards 2005. UK Council for Graduate Education，2005：68.

发展最快的专业博士学位项目仍然集中在教育、医学、临床心理学、工商管理和工程博士等专业。英国早期的专业博士项目集中于少数几个专业，主要是教育博士、临床心理学博士、医学博士、工商管理博士、工程博士。1999 年，这五类专业博士项目占所有专业博士项目的 80%。进入 21 世纪，教育博士、临床心理学博士、医学博士、工商管理博士、工程博士的项目数量仍然位居前列。1999 年，共有 25 个学科开设专业博士学位项目，到 2005 年，这一数字迅速增至 52 种，增加了 1 倍多。新增的专业有助产博士、健康科学博士、心理治疗博士、卫生保健博士、理疗博士等职业性较强的专业。[①]20 世纪 90 年代以后成立的"新大学"要实现综合实力的大幅提升，巩固自身作为真正的大学的地位，就

---

① 李小丽. 英国专业博士学位教育发展研究. 河北大学博士学位论文，2020.

必须取得更多的学位授予权。因此,"新大学"积极发展专业博士教育。英国专业博士学位涉及的学科领域在总体上持续拓展。2005 年,英国拥有 52 种专业博士,到 2015 年,至少有 70 多种。2005 年、2009 年、2015 年不同学科专业博士的项目数量及部分年份博士生数如表 3-3 所示。

表 3-3　2005 年、2009 年、2015 年不同学科专业博士的项目数量及部分年份博士生数

学科	2015 年项目数	2009 年项目数	2009 年博士生人数	2005 年项目数	2005 年博士生人数
卫生、社会与健康科学	81	69	598	26	297
心理和心理咨询	58	49	2007	44	1970
商业和管理	48	46	1058	24	487
教育	72	38	2228	34	1864
医学和牙科	13	36	752	31	1497
工程	—	29	609	16	301
艺术/建筑与建筑环境	7	9	59	2	5
咨询/心理治疗	（并入心理/咨询）	9	251	3	23
社会科学	12	9	71	2	8
神学与神职工作	12	5	90	3	45
通用专业博士	3	5	143	4	160
计算机科学	14	3	16	0	0
兽医	—	1	0	2	19
总计	320	308	7882	191	6676

资料来源:改编自英国研究生教育委员会和英国高等教育资助委员会的报告。

英国专业博士不仅在学位授予数量上明显增加,而且正在扩展到不同的学科领域,学科下设的专业方向也越来越细化,凸显了英国专业博士在学科专业上的多样化发展,出现了一些新兴专业博士学位项目(表 3-4)。但是,在某些学科领域,专业博士项目尚未吸引到大批博士生,这些领域尚未实现专业博士学位的公认优势。此外,对于那些人数很少或目前没有在读博士生的专业博士项目,使人们很难看到这种形式的提供与劳动力市场需求之间的联系。同样令人关注的是,那些仅吸引了最小数量博士生的专业博士项目仍然消耗着大学日渐紧张的费用,这势必对大学的财务产生负面影响。

表 3-4　英国新兴专业博士学位项目名称

	专业博士名称	授予学位简写		专业博士名称	授予学位简写
与科学相关	农业与食品专业博士 生物医学博士 科学与技术博士 兽医博士	D.Agri.Food. D.Prof. D.Prof. D.Vet.	神学	牧师神学博士 神职博士 实践神学博士	D.P.T. D.Min. D.Prac.Theol.
与计算机相关	数据科学博士 数字媒体博士	D.Data.Sci. D.Prof.	其他专业领域	精英表演（运动）博士 运动与训练博士	D.Prof. D.S.E.
与社会科学相关	刑事司法博士 犯罪学和刑事司法博士 应用犯罪学博士 安全风险管理博士 社会科学博士 国家政策博士 政策研究与实践博士	D.Crim.J. D.C.C.J. D.App.Crim. D.Sy.R.M. D.Soc.Sci. D.P.P. D.P.R.P.	艺术人文相关	设计博士 创造艺术博士 美术博士 应用语言学博士 传统学博士	D.Des. D.Creative. D.F.A. D.App.Ling. D.Heritage.

资料来源：Mellors-Bourne R, Robinson C, Metalalfe J. Provision of professional doctorates in English HE Institution. Higher Education Funding Council for England, 2016: 27.

除了参与主流的专业博士学位项目的博士生数量增加外，有 23 个专业博士学位项目只有 10 个或更少的博士生参与研究，更有甚者，有 7 个专业博士学位项目只有一个博士生参与研究。[①]这在一定程度上对该项目是一个严峻的挑战。对一些专业来说，专业博士一般对刚毕业的硕士生或早期职业从业者有吸引力，有些项目是为了进入特定部门的职业（如工程博士和临床心理学博士），这就造成不同学科领域间专业博士机构数量与专业博士项目数量的不平衡（表 3-5）。

表 3-5　2015 年英国专业博士机构数量以及专业博士项目数量表

学科	机构数	项目数	学科	机构数	项目数
教育学	54	72	法学	5	5
工商管理学	38	48	农学	2	2
生物科学	37	65	建筑学和设计学等	2	2
医学	37	81	计算机科学	2	2
医学和牙医	10	13	通用或跨学科	2	2
历史和哲学	9	11	语言学	1	1
创意艺术和设计	6	7	物理科学	1	1
社会政治学	6	7	兽医	1	1

资料来源：姚林，王建梁. 三重视角下的英国专业博士学位教育发展研究. 清华大学教育研究，2018（4）：81-86. Mellors-Bourne R, Robinson C, Metalalfe J. Provision of Professional Doctorates in English HE Institutions. Cambridge: Careers Research and Advisory Centre, 2016: 23.

---

① ESRC. Postgraduate training guidelines. Swindon: Economic and Social Research Council, 2001.

二、主要特点

(一) 定位明确，但类型庞杂

从博士学位的基本标准来看，"同属博士水平的两类博士学位之间存在着一些共通之处。根据英国质量保障机构的观点，这两类博士学位都要求博士生在自己的学科领域或专业领域表现出具有博士水平的专长，可授予博士学位的博士生应通过独创性研究或其他高深学术创造和解释新知识，其质量可使同行评估满意，拓展学科前沿以及具有出版价值。该机构在 2001 年发布的《国家资格框架》中规定，任何博士学位都应授予在'创造和解释新知识'、'系统获取和理解知识体系'、'一般能力'和'详细理解研究技能'等四方面有所表现的博士生；学位获得者将能够'判断'、'交流'和'继续研究'及具备'就业所需的品质和迁移技能'"[①]。事实上，英国博士学位已经开始呈现多样化的发展趋势（表 3-6）。

表 3-6 英国的博士学位类型

学位类型	特点
传统 Ph.D.	主要基于有指导的研究项目，评价基于论文
出版 Ph.D.（Ph.D. by publication）	主要基于有指导的研究项目，评价基于一系列同行评价的已出版或录用待出版的学术论文，经常有一个总结性论文
新制 Ph.D.（New route Ph.D.）	包括大量教的元素（要考试且必须通过），始于 2001 年为国际博士生整合的博士生教育项目，包括研究训练及个人和专业发展
专业博士（professional doctorate）	包括大量教的元素，大部分要求有专门的学习产出。基于教学模块的联合（要考试且必须通过），有指导的小于哲学博士的研究项目，更重应用和工作基础或聚焦于工作
实践博士（Practice-based doctorate）	基于有指导的研究项目，通常在表演艺术方面，产出包括书面的（短于哲学博士论文，既包括反思又包括情境），一个或更多的形式，如小说（创造性写作），作品包（艺术和设计）或一个或更多的表演作品（舞台研究或音乐）

英国教育博士学位也以学术为基础，要求同样严谨的水平。英国典型的 Ph.D.教育学博士生一般需要提交约一篇 8.0 万字的论文，整个研究期间，将用于研究和撰写专题论文。而 Ed.D.教育博士生头两年可能需要研究各项议题，为每个议题准备 5000—6000 字的报告，最后两年用于撰写论文（4.5 万—5 万字）。二者之间的主要区别是，Ph.D.教育学博士生往往单独工作，而 Ed.D.教育博士生

---

① Quality Assurance Agency（QAA）. National Qualification Framework in England, Wales and Northern Ireland. Gloucester：QAA, 2001.

融入一个学习社区之中。由此可见，专业博士应该继续提高专业研究的水准，解决专业问题，凸显其学术独创性，从而进一步加强其作为博士学位的合法性。专业博士学位应参照哲学博士为自身确定特殊的、公认的标准。

（二）培养模式成熟但质量标准多样

1. 培养目标

英国专业博士学位的培养目标一般是"实现专业经验丰富的从业人员基于研究的职业发展"[①]。英国兰彻斯特大学的临床心理学专业博士项目的培养目标是"通过培训熟练的临床心理学家，提供更高水准的医疗保健服务以提高一般市民的心理健康水准。商学院协会（Association of Business School，ABS）指南指出，工商管理博士通过对专业实践的适当理论和研究进行批判性的回顾和系统的应用，对实际业务和管理问题进行研究。诺丁汉大学商学院工商管理博士主要是通过博士生自身知识和学术上能力的提高，改善其在商业及商务管理中的实践能力"[②]。提供专业博士学位的大学大多希望专业博士生在学习过程中选择一个与自己专业密切相关的、实践性强的课题进行研究。

2. 入学条件及学习方式

在招生方面，英国注重多样化的生源，大多数英国专业博士学位项目在入学条件方面有以下要求：在相关研究领域取得硕士学位，有相关专业的实践经验1—5年。如果申请者没有取得硕士学位，则在入学第一年参加相关专业的硕士课程学习。有些大学还要求申请者提供一份专业博士研究计划，以展示申请者"对教育理论与实践的反思，对问题的批判及分析能力，选择应用适当研究方法的能力，具有对教育理论与实践做出显著贡献的潜力"[③]。在学习方式方面，英国专业博士提供的课程大多数是非全日制的，学制为4—6年，专业博士生可以在工作之余进行学习。英国大部分教育博士计划项目通常是集中进行的，例如周末、

---

① Bourner T，Bowden R，Laing S. Professional doctorates in England. Studies in Higher Education，2001（1）：65-83.

② Bourner T，Bowden R，Laing S. Professional doctorates in England. Studies in Higher Education，2001（1）：65-83.

③ Scott D，Brown A，Lunt I，et al. Professional Doctorates：Integrating Professional and Academic Knowledge. Berkshire：Open University Press，2004：86.

寒暑假期，这样可以满足在职专业人士的实际需求。也有一些专业博士学位项目要求全日制在校学习，如工程博士、临床心理学博士项目。

3. 模块化的课程教学

在课程内容方面，英国大学会根据博士生的专业实践来安排课程模块，一般有25个单元，包括10个教学单元和15个研究单元，共需完成540学分。①具体内容包括：与学科有关的课程和评价（60学分）、研究训练和评价（120学分）、论文（360学分）。教学部分在学位计划中所占的比例为35%—50%。②课程充分发挥博士生所在工作单位的实践问题在培养过程中的作用，同时也要求博士生创造性地整合所学学术知识和工作单位专业实践知识。在课程学习过程中强调反思，反思的焦点是博士生的工作实践、自我身份和人生历程、与工作相关的政策、工作实践、所在组织结构的创新与变革。此外，英国教育博士Ed.D.也同样"强调群体效应，使博士生通过相互交流、合作和共享技能从而形成归属感，并能正式和非正式地实现向专业同行学习"③。

教育博士的课程模块通常包含应用性强的课程，如人力资源管理、财政管理、教育政策研究和制定等，也包括研究方法、教育基本理论等理论课程。课程模块采取专业必修、专业选修相结合的形式。

除了课程教学模块外，最重要的就是论文写作，即研究阶段。通常是专业博士生在导师的指导下完成符合要求的博士学位论文。专业博士生大多从自己的工作实践中选择相关的研究课题，从亟待解决的重大现实问题中确立自己的研究方向。

英国的专业博士学位有别于哲学博士学位之处还体现在它明确包含教学部分，是以具体的科目为基础的教学。研究方法的课程和训练也比较丰富，目的是让专业人员能够运用跨学科的方法处理实际问题，其教学内容一般明确指向所从事的专业，知识和技能的要求更加庞杂，跨学科性比哲学博士学位更强。正因如此，其教学组织方式采用模块化结构，且规定采用正规的研究方法进行教学，使

---

① 英国大学的1学分是1学时，澳大利亚大学每1个教学时间单位为1学分，而美国和我国大学的1学分是16学时。

② Bourner T, Bowden R, Laing S. Professional doctorates in England. Studies in Higher Education, 2001 (1): 65-83.

③ 刘筱. 美、澳、英教育博士人才培养中存在的问题及改革论争. 中国高教研究, 2011 (6): 51-55.

博士生在课程学习和论文写作过程中养成恰当运用多种研究方法的能力。

4. 导师指导

在英国专业博士的培养中，传统的"师徒制"模式被改造，导师的角色从"导师"（supervisor）转变为"顾问"（advisor），导师更多地发挥咨询引导的作用，博士生的主体性开始彰显，这种导学关系是对专业博士学位属性的尊重。在专业博士培养过程中，导师与专业博士生是一种新型的合作关系。事实上，许多专业博士生本身已经是高级管理人员和经验丰富的专业人员，他们在专业实践方面的能力甚至强于大学导师，大学导师的优势则是理论，二者可以进行互补。

5. 成果形式和评估方式

英国专业博士学位的最终成果形式仍然以学位论文为主，通过博士论文既然可以全面展示专业博士生的研究成果和研究能力，也可以展现专业博士生在专业发展方面达到的高度和对专业发展的创造力。

在论文方面，英国专业博士"倾向于将研究目的定位在为专业实践发展和专业实践者发展服务上面，选题须联系专业实践和工作情景，是一种应用研究。有些大学对教育博士提出与教育学博士相同的要求，即一篇毕业论文"[①]。虽允许专业博士学位论文的篇幅小，但评价标准基本相同。当然，近年来，评价的成果形式越来越多样化，有些大学规定教育博士生可以用4篇学术论文取代博士学位论文。

6. 质量保障

英国专业博士教育的内部质量保障体系主要通过各实施单位设立的教育质量委员会进行管理监督，学科评估是主要的监控手段。随着外部质量问责的压力越来越大及政府干预的加强，各高校设立了研究生院和各级学术委员会，逐渐形成了大学、学院、系所三级质量保障体系。

外部质量保障体系主要通过英国高等教育基金委员会设立的教学质量保障委员会（QAC）来实施质量监控。1997年，英国政府建立高等教育质量保障署（QAA），全面负责高校的质量评估，对专业博士与哲学博士进行分类评估。专

---

① 李云鹏. 20世纪美国社会转型背景下专业博士学位的发展及其启示. 高等教育研究，2013（3）：104-109.

业博士与哲学博士的差异如表 3-7 所示。参与外部质量保障体系的机构还包括全国科学与自然科学研究委员会、全国经济和社会研究委员会等。这些做法加大了行业参与的机会。此外，一些民间组织、工商企业和各类专业团体从自身利益出发，广泛参与了对专业博士教育质量的监督与评估工作，多元利益相关者共同参与的质量保障体系已经形成，这也符合知识生产模式 2 的要求。

表 3-7 专业博士与哲学博士的差异

特征	哲学博士	专业博士
定义	候选人能够为科学知识做出独特而具有重要贡献的研究计划	候选人能够在其专业领域内对知识和实践做出具有重大贡献的研究和高级学习计划
入学资格	文学学士，文学硕士/科学硕士，研究硕士	相关领域的硕士
学习方式	全职为主	兼职为主
学位名称	哲学博士	专业名称+博士（如工商管理博士等）
职业经验要求	无	在特定领域的职业经验
教学	不以学分为基础，几乎总是把它看成单一的整体计划	采用模块化结构组织教学，取得 540 个学分
学习过程	以个人学习为基础，强调个人研究相关的技能	以团体学习为基础，强调个人任务和与团队合作专业技能
论文长度	通常 8 万字	通常 4 万—5 万字
评估方式	论文	论文+课程作业
学位授予	可以是纯理论方面的，对是否联系实践没有硬性要求	候选人要能证明自己在与专业实践相关的特定领域拥有高深知识和独到见解，这是被授予学位的必备条件

三、存在的问题

1. 对英国专业博士学位内涵的认识分歧较大

培养机构对英国专业博士学位内涵的认识分歧较大，其培养模式与哲学博士究竟应该有什么不同，不同专业博士学位之间又应该有什么共性，都没有形成共识。英国专业博士学位短时间内迅速发展，使得英国专业博士培养模式的多样化，同时质量标准也参差不齐。培养机构对专业博士学位的内涵界定也多种多样，没有统一的培养模式和质量标准，导致社会用人单位对专业博士学位产生了很多误解，难以区分专业博士的属性和价值倾向性。英国的专业博士培养的职业指向性非常明显，着重培养多领域、多种职业需要的应用型人才。总的来看，英国专业博士学位人才培养的定位是研究型专业人员（researching professional），并不将学术研究本身设定为自身研究的目的，因此，专业博士生开展研究的宗旨是贡献专业实践知识，获取专业新知识，服务于专业发展。

2. 专业博士学位的质量评价标准较混乱

由于英国各大学在学位设置与管理方面具有很大的自主权，但对专业博士学位的内涵理解差异巨大，因此各高校在专业博士学位设置方面表现为较大的差异性，造成学位管理、培养模式、学位授予标准的不统一，甚至混乱。欧洲大学协会指出，"其他国家授予的专业博士学位与英国授予的专业博士学位之间缺乏可比性"[①]。各专业博士实施机构对专业博士学位内涵认识的差异性直接导致学位评价标准的混乱，办学模式和培养质量无法统一。

3. 培养过程中的问题

英国没有统一的入学考试，由各高校自行决定专业博士的录取条件。英国专业博士学位在课程设置上包括大量的教学部分和进行有指导的研究，这些是学习过程和获得学位的一部分。教学是专业博士学位区别于传统哲学博士教育的显著特点。对专业博士来说，教学和研究是连贯性的。大多数教育博士培养的教学部分，培养机构要求博士生必须在每一单元或模块结束后提交4000—6000字的小论文；有的培养机构则要求教育博士生提交1.5万字的综合报告作为教学部分的评估对象。

英国专业博士的社会认可度有待提高。英国专业博士学位教育的迅猛发展给英国博士教育的声誉带来了挑战，专业博士生面临不被普遍理解和认可的困境。英国大学内部对专业博士认可度并不一致，1992年后建立的大学普遍认同，专业博士不仅能够提升大学研究能力，增加研究人员、研究经费及合作伙伴，而且可以拓展大学实践研究的领域。但多数1992年前建立的大学则认为，专业博士项目没有带来那么大的贡献。专业博士的培养模式与哲学博士趋同，也相应弱化了对专业博士的身份认同。不同项目的专业博士培养模式有所不同，但通常有两

---

① EUA. Doctoral Programmes in Europe: Bologna Follow-up Group. European University Association，2007：14.

个阶段：第一阶段是课程学习，包括理论教学、研究培训、评估和小组合作学习；第二阶段是研究工作，包括独立研究、学位论文和考试。专业博士教育通常包括结构化教学模块，如讲座、研讨会和讲习班，"重点是使博士生获得与其专业实践相关的技能以及进行原创性研究的能力"①。这些问题都要求英国专业博士教育进行变革与创新，因为如果没有质量保证，专业博士教育就难以更好地可持续发展。

第三节　澳大利亚专业博士教育的发展与变革

一、发展背景

20世纪90年代以来，澳大利亚专业博士教育快速发展，其主要原因有以下三个。

1. 市场需要更多高层次应用型专门人才

随着澳大利亚高等教育大众化和普及化的实现，大学生就业压力与日俱增，竞争更加严峻，因此追求更高学历成为大多数青年的被迫选择。职业准入的门槛越来越高，博士学位成为某些职业领域的门槛。社会经济的发展需要能够解决实践领域问题的专家，并不对基础理论研究有很高的要求，这就给专业博士发展预留了很大空间。

2. 政府政策的积极引导

20世纪80年代末，澳大利亚在经济危机的背景下经历了一系列高等教育改革，其中之一就是要求大学的研究生教育加强与企业和职业领域的联系。1988年，澳大利亚发布《高等教育：政策陈述》（Higher Education: A Policy Statement）白皮书，希望大学管理者思考如何拓宽博士生的知识范围，并通过研究生的研究和培训项目来增强与企业和职业领域的直接联系。1989年，澳大利亚就业、教育与培训委员会（NBEET）公布的报告《高等教育课程和研究生教育》（Higher

---

① 姚林，王建梁. 三重视角下的英国专业博士学位教育发展研究. 清华大学教育研究，2018（4）：81-86.

Education Courses and Graduate Studies)建议：研究生教育项目要充分考虑博士生、工业、企业主和职业团体不断变化的需求，大学要考虑引进更适合于职业背景的博士项目，并建议在工程、会计、法律、教育和医疗五个领域设置专业博士，并强调了这些学位类型的职业性质。[1]1990年，澳大利亚高等教育委员会（Australian Higher Education Council）发布报告《澳大利亚学位与研究生教育未来发展方向》（Future Directions for Australian Graduate Studies and Higher Degrees），并建议引进更适合诸如工程、会计、教育和护理等明确职业背景的博士项目。[2]这些建议促使联邦政府更加关注职业教育，更加关注大学在实用知识生产方面的作用，从而使澳大利亚在全球经济竞争中处于更加有利的地位。[3]澳大利亚专业博士的发展速度加快，不断有新的专业博士类型出现，且规模越来越大。

3. 国外专业博士发展的影响

在全球化的时代，国外专业博士的发展和繁荣很容易刺激并影响一个国家的教育走向。美国、英国专业博士教育的成功经验对澳大利亚产生了积极影响，澳大利亚在借鉴美国和英国专业博士教育的同时，在不同学科领域开展专业博士教育，并逐渐形成符合澳大利亚国情的专业博士培养模式。

二、发展历程

澳大利亚的第一个专业博士学位是卧龙岗大学于1984设置的创造艺术博士（Doctor of Creative Arts）[4]，第一个教育博士项目是1990年在墨尔本大学开设的。到2000年，专业博士的数量较1990年翻了一番，30所大学开设了19个研究领域的课程。2000年专业博士招生数超过2500名，比1996年增加了150%。"澳大利亚授课型博士学位授予数从2000年的55个增长至2014年的255个。"[5]

---

[1] Taylor N, Maxwell T. Enhancing the relevance of a professional doctorate: The case of the doctor of education degree at the University of New England. International Journal of Work, 2004（1）: 60-66.

[2] Higher Education Council Future Directions for Australian Graduate Studies and Higher Degrees. National Board of Employment, Education and Training. Canberra, Australian Government Publishing Service, 1990.

[3] 马爱民. 国际比较视野下的教育博士发展研究. 华东师范大学博士学位论文, 2013.

[4] 邓光平. 澳大利亚专业博士生培养模式的演变及启示. 中国高教研究, 2010（9）: 40-42.

[5] 王传毅, 赵世奎. 21世纪全球博士教育改革的八大趋势. 教育研究, 2017（2）: 142-151.

20世纪90年代是教育博士的黄金发展期。1996年，澳大利亚在教育、商业、心理学、法律、设计和建筑、健康科学等领域广泛设置了各类专业博士学位。新设的教育博士项目更加重视教育实践，将工作经验作为博士招生的重要标准，弹性的学习年限和多样化的学科设置为澳大利亚职场中的专业人士进行继续教育提供了便利，成为他们重返大学继续深造的最佳选择，因此教育博士学位制度在诞生后迅速发展。1996年，澳大利亚一半的大学招收教育博士生，当年共有21个教育博士项目，占专业博士项目总数的43.8%。2000年，教育博士项目数则增长至31个，占专业博士项目的比例为29.5%，依然是众多专业博士项目的"领头羊"。进入21世纪，澳大利亚政府不断减少对高校的财政支持，并对大学的教学或产业化运作的成果进行考核和评估，择优进行拨付。这一举动使得澳大利亚大学的博士教育更偏重全日制教育学博士生的培养，因此有少量高校撤销了教育博士项目，2011年减少至28个，占专业博士项目的比例下降到13.9%。[①]1996年、2000年和2011年澳大利亚专业博士项目数如表3-8所示。2015年招生专业博士4355人，专业博士发展不稳定且有下降趋势。

表3-8　澳大利亚专业博士项目数（1996年、2000年和2011年）

学科领域	1996年		2000年		2011年	
	项目数	比例（%）	项目数	比例（%）	项目数	比例（%）
教育	21	43.8	31	29.5	28	13.9
工程	1	2.0	1	1.0	6	3.0
卫生	4	8.3	14	13.3	21	10.4
法律	8	16.7	10	9.5	16	7.9
心理	3	6.3	22	21.0	43	21.3
管理	6	12.5	18	17.1	16	7.9
其他	5	10.4	9	8.6	72	35.6
总计	48	100.0	105	100.0	202	100.0

资料来源：Maxwell T. Australian professional doctorates: Mapping, distinctiveness, stress and prospects. Work Based Learning e-Journal, 2011（1）: 24-43.

---

① 姚林，王建梁. 三重视角下的英国专业博士学位教育发展研究. 清华大学教育研究，2018（4）: 81-86.

三、主要特点

（一）学术质量要求高，"档案袋"受推崇

澳大利亚的教育博士学位入学要求类似于哲学博士，但前者要求在教育或学术专业有一定的专业经验。教育博士虽然是一种专业学位，但在其培养教育过程中同样重视博士生的研究能力和研究水平，这方面的要求并不亚于教育学博士。

"档案袋"式的毕业论文是一个非常大的创新。专业博士生确定研究主题，然后对该主题的不同方面进行研究，这些研究既相互联系又彼此独立，可以由个人独立完成，也可以由小组合作分工完成，这些小论文合起来可以全面地解决现实问题。这种研究方式不仅有利于专业博士生利用零散的时间投入研究，还有利于学习小组合作进行同一个主题的研究。

（二）专业博士发展迅猛，模式更新快

1. 培养目标

在澳大利亚，教育博士既享有与哲学博士同等的地位，又具自身的独立性。从新英格兰大学、悉尼大学、西澳大学、爱迪考文大学的教育博士项目来看，教育博士主要是使高层次教育研究更有效地从事专业实践活动，为专业教育工作者提供一个反省实践活动的平台，使其通过专业博士的学习具备相应的理论基础、专业知识及研究能力，着力提高其解决工作中实际问题的能力。新英格兰大学的教育博士通过与实践紧密联系、应用性强的课程学习和博士论文写作，提高教育博士生的专业实践能力，满足教育实践者的研究需求，使教育博士生能够解决实际问题。悉尼大学强调教育博士生深入了解其研究领域内的知识，批判性地阅读文献，培养使用科学的研究方法、实施调查研究、撰写研究报告的能力，能够运用恰当的理论和调查研究解决实际问题，对教育专业实践发展做出原创性贡献。

2. 培养制度

虽然专业博士是专业学位，但澳大利亚非常重视专业博士生的学术研究能力和博士学位论文的学术水平，这方面的要求并不亚于哲学博士学位。课程学习的

目标是深化专业博士生对专业实践工作的认识，了解专业实践领域面临的重大挑战及存在的重大问题。科研训练的目的是使专业博士生掌握各种研究方法和研究范式，提高自己的实践反思能力和创造性解决问题的能力。

澳大利亚教育博士项目在培养过程中通常采用小组学习的方式，注重集体学习和专题研讨，重视师生、生生之间（尤其是博士生之间）的交流和互动，建立师生、生生之间的"批判型伙伴"关系，并创新性地将专业人员纳入"批判型伙伴"。有的大学在学位论文写作环节专门组织博士生定期集中交流，从而形成学习和研讨的共同体。这种学习方式有利于专业博士生群组成员间经验共享，经验本就是专业博士生的优势。

3. 培养过程

在澳大利亚，高质量的专业博士项目有效整合了专业博士生的课程学习、科研训练和专业实践活动。澳大利亚当前实行的博士学位授予标准还要求申请者在攻读博士学位期间能够取得高质量的科研成果。澳大利亚大学教育博士教育"着重提高博士生的理论素养、专业知识和研究能力来为教育实践活动服务，其教育对象是有一定工作经验并担任教育领导职务的教育专业工作者，并据此设计符合教育博士学位教育特色的课程内容、教育方式、博士生评估和论文写作等"[①]。在澳大利亚，新英格兰大学和爱迪考文大学则以学员的多篇研究论文构成的档案袋来代替学位论文，但对档案袋的文字数量的要求一般高于对单篇博士学位论文的要求。相对于传统的学位论文来说，其特色在于："其一，进行'化整为零'的研究。博士生在确定一个研究主题之后，对该主题的不同方面进行相互联系但又彼此独立的研究，对每一个'子课题'撰写不同的研究论文。其二，为博士生撰写论文在空间和时间安排上提供了便利。博士生在研究期间不会因工作场所变更而影响毕业论文的撰写。也有的学校既要求有能显示学员研究能力的档案袋，又要求有一篇博士学位论文，这样对博士学位论文字数的要求就相对少一些。"[②]

[①] 袁锐锷，凌朝霞. 关于澳大利亚若干大学教育博士培养工作的思考. 比较教育研究，2006（9）：23-27.
[②] 李广平，饶从满. 美、澳、英三国教育博士的培养目标与培养过程研究. 学位与研究生教育，2010（9）：71-77.

第四节 专业博士学位的代际嬗变

2002 年,英国研究生教育委员会对专业博士教育进行了权威性界定:"一项高级学习和研究计划,在满足授予博士学位条件的同时,满足大学外部专业团队的特定需求,并提高专业背景下个人工作能力。"①在一个强调知识创新的背景下,"博士教育的发展也正经历着以学科驱动向以实践驱动的转变。近 20 年来,为了回应知识生产模式的变化,西方博士教育已经进行了一系列调整与变革,如增加博士学位的类型、培养模式的多样化、跨学科培养博士、与工业界合作培养博士等。知识生产模式 2 的一个特点是知识在应用的情境中被生产出来,这与世界范围内专业博士教育的兴起是密切相关的"②。

一、第一代专业博士学位:哲学博士+课程

2003 年,麦克斯韦尔明确提出区分第一代与第二代专业博士学位,把"哲学博士+课程"模式的专业博士归为第一代。第一代专业博士植根于与 PhD 相似的学术传统,属于传统的知识生产模式 1 型。"第一代专业博士基本理念是专业博士生针对实践情境开展研究,置身于实践情境中,生产出能够解决实践问题的科学知识。③在这一理念指导下,专业博士学位的培养目标突出了扎实的理论知识基础和解决实际问题的能力,而对培养'研究型专业人员'这一使命重视不够。专业博士的论文与哲学博士得到同等对待,标准是主要是学术,而非应用。"④这是从研究者而不是从业者的角度来看待某一实践情境的专业实践。新一代专业博士教育的"重点是产生实际行动,也代表了高水平的专业学术;大学将更多地进入实践领域,并调整其工作方式,从而产生具有实际应用价值的知识,

---

① UK Council for Graduate Education. Professional Doctorates. Dudley,2002:62.
② 陈洪捷. 知识生产模式的转变与博士质量的危机. 高等教育研究,2010(1):57-63.
③ Maxwell T. From first to second generation professional doctorate. Studies in Higher Education,2003(3):279-291.
④ 李云鹏. 美国教育博士专业学位的发展动力与变革模式研究. 南京师范大学博士学位论文,2012.

并专门针对解决复杂的专业、组织和社会问题"①。也就是说，第一代专业博士并没有表现出不同于哲学博士明确、独特的学位的特色而成为既培养学者又培养实践专家的一职双能的学位类型。

美国教育博士培养项目与教育学博士长期存在培养模式趋同的现象，哈佛大学教育博士提出"培养大学教师、高级教育领导、决策者与研究人员"。"事实上，教育博士与教育学博士在培养方案方面的区别是微乎其微的，所需的经验（课程）和成果（论文）惊人地相似。"②无论采用何种模式，提交令人满意的学位论文是授予专业博士学位的前提条件。③

第一代"模块+学位论文"专业博士教育尽管声称对专业知识和专业实践的关注，强调专业理论与专业技能的应用，由专业博士生生产关于实践的客观的知识，并应用于实践。但在实际培养过程中，专业博士多方面模仿了哲学博士，在很大程度上成为哲学博士的替代品。大学、政府、市场三个质量评价主体有不同的质量观，使得专业博士教育不知道如何选择，按照制度惯性，最为可取的路径便是模仿哲学博士的培养模式。

从美国、英国、澳大利亚等国家早期专业博士教育的实施来看，第一代专业博士学位与哲学博士学位高度雷同。英国经济和社会研究委员会认为，专业博士学位的出现是博士教育领域令人振奋的创新，但其目的是通过帮助专业博士生开发和应用学术和专业知识，发展他们的专业实践。为了实现这一双重目标，研究选题通常在专业博士生自己的专业场所之中，专业博士培养与专业相关的实际问题密切互动，达到同时促进个人和专业两方面共同发展的双重目的。与英国经济和社会研究委员会类似，澳大利亚研究生教育院长和主任委员会（CDDGS）认为，专业博士教育能够使专业博士生对专业知识和实践做出重大贡献。专业博士生将其研究和所学到的知识和技能应用于问题、议题或其他实质性问题，提升个体在专业环境中解决实践问题的能力，以求在专业实践中产生重大效益。但随着专业博士呈现的问题越来越多，人们越来越认为"教育研究和专业实践尽管肯定能为彼此提供好处，然而二者明显属于不同的行为，各自都有很强的独立性和排

---

① 李小丽. 英国专业博士学位教育发展研究. 河北大学博士学位论文，2020.
② 李云鹏. 知识生产模式转型与专业博士学位的代际嬗变. 高等教育研究，2011（4）：42-48.
③ UK Council for Graduate Education. Professional Doctorates. Dudley，2002：50-51.

他性"①。第一代专业博士教育延续到 20 世纪末 21 世纪初才出现"混合课程+成果组合"专业博士教育新模式。

第一代专业博士与哲学博士趋同的问题突出表现在毕业论文方面。虽然第一代专业博士论文旨在帮助专业博士生提高专业发展能力，但高校内部对专业博士学位的非学术性成果认可度不高，造成以实践为导向的博士论文比例很低，大多数专业博士生为了顺利毕业，仍然按照哲学博士的标准撰写学术导向的博士论文。

二、第二代专业博士学位：混合课程+专业实践

2000 年前后，在澳大利亚、英国、美国，一种特色鲜明的专业博士学位模式发展起来，被称为第二代专业博士学位，其中澳大利亚的特色尤为突出。2000 年，塞登（Terri Seddon）宣布澳大利亚专业博士学位开启新阶段，它的研究取向是为专业实践做贡献，而不是为学术知识。莱斯特（Stan Lester）则指出，在 2000 年前后英国和澳大利亚的专业博士学位进入第二代，表现为与专门职业联系更加紧密，更适合专业实践者的需要，有弹性的修习时间、档案袋成果形式，可称为"实践者博士学位"（Practitioner Doctorate）。与第一代相比，第二代专业博士遵循"混合课程+专业实践"的模式。②

专业博士模式向第二代转移，与吉本斯指出的从学科知识模式向超学科知识模式转型一致。第二代专业博士更贴近专业从业者的需求，能够带来实质性的组织或专业变化，对实践做出贡献。"这一新模式对学术研究为导向的哲学博士的教育传统提出了挑战。"③ "第二代专业博士比第一代更聚焦在工作实践领域的现实问题。"④第二代专业博士比较均衡地兼顾大学学术、专业发展和工作实践，知识生产活动由专业博士生在其真实的工作实践环境中创造并应用。研究和实践共存于一个循环的或螺旋的关系中，由从业者创建和使用他们的实践，促生新知识

---

① 李云鹏. 美国教育博士专业学位的发展动力与变革模式研究. 南京师范大学博士学位论文，2012.
② 李云鹏. 知识生产模式转型与专业博士学位的代际嬗变. 高等教育研究，2011（4）：42-48.
③ Lester S. Conceptualizing the Practitioner Doctorate. Studies in Higher Education，2004（6）：757-770.
④ Maxwell T. From first to second generation professional doctorate. Studies in Higher Education，2003（3）：279-291.

的产出，进而引发实践的变革，以此循环下去。第二代专业博士将学术研究、工作场所、专业能力提高有效结合起来。第二代专业博士比第一代更加重视实践性知识的生产和应用，课程设置也围绕知识生产模式2来组织和实施。

（一）澳大利亚

1. 新英格兰大学教育博士项目改革

新英格兰大学的教育博士项目始于1994年，起初也是采用第一代专业博士"课程+学位论文"的培养模式，课程单元占总学分的25%，学位论文占75%。1994年，该项目共录取50名博士生，但截至2000年只有6名毕业生，教育博士项目遇到巨大困惑和批评。2000年，新英格兰大学开始改革教育博士培养模式，对教育博士培养模式进行重新定位。2002年，修订的新教育博士计划模式正式实施，突出强调专业情境和工作场所的学习。其培养目标为"通过与实践联系紧密、应用性强的课程学习和论文写作来提高博士生的专业实践能力，满足教育实践者高级研究培训的需要，使博士生将学到的研究技能应用到专业工作之中"①，旨在使工作场所成为专业博士从事研究的主要地方，从而增强教育博士研究成果的应用性。

新英格兰大学教育博士改革的理念是：专业博士教育有着不同于哲学博士教育的专业性和实践性特点。学科知识和专业知识共同构成专业博士教育的主要内容，这两种来自不同场域。专业博士的培养目标、培养模式和质量评价由大学、专业领域、工作场所三方来共同决定。支持这一项目的理论基础是李（Alison Lee）等提出的"混合型课程"（hybrid curriculum）模式。"混合型课程"模式是一种"三位一体"的模式，专业博士学习和研究的中心区域是专业、工作场所和大学学术的交叉区域，三者在一个特定的组织背景内相遇并融合交叉。②

"混合型课程"培养模式表明了大学学术、工作场所和专业发展之间密不可分的交叉关系。大学和职业场所更强调彼此之间的合作伙伴关系，对知识生产有

---

① 李云鹏. 美国教育博士专业学位的发展动力与变革模式研究. 南京师范大学博士学位论文，2012.
② Lee A，Green B，Brennan M. Organisational knowledge，professional practice and the professional doctorate at work//J. Garrick，C. Rhodes（eds.）. Research and Knowledge at Work：Perspectives，Case Studies and Innovative Strategies. London：Routledge，2000：127.

更为宽泛和综合的理解。新英格兰大学将重新设计的教育博士的核心内容分成四个单元,各单元目的和内容见表 3-9。

表 3-9 新英格兰大学教育博士的内容模块

单元	目的	内容
专业工作场所的文化和学习	探究工作场所的性质,关注文化元素,提高实践反思水平和批判性思维能力	工作场所的文化、组织设置对人的影响;有意义交流的作用;持续学习对工作场所的重要性等
专业实践	更深入地理解专业的性质以及与其工作单位的相互作用	分析可能影响其专业发展的重要问题,概念化专业知识,分析和反思专业实践和实际工作情况
应用研究方法	根据具体研究问题正确运用研究方法的能力,至少熟练掌握数据分析策略和数据分析技术	行动研究,鼓励并引导博士生根据工作场所的变化开展相关研究
专业"档案袋"方案	强化把专业工作场所作为研究场域的意识,更好的理解研究范式	积累学习成果,完成课程专业,撰写博士论文,发表学术成果等

新英格兰大学创造性实施的"档案袋"方案,扩大了专业博士生的研究领域,减轻了专业博士生的论文负担,受到专业博士生的大力支持,他们认为这些课程单元有助于提高职业发展能力和课题研究能力。

2. 澳大利亚专业博士的代际嬗变

还有很多研究成果表明澳大利亚专业博士学位正在发生清晰的代际嬗变。2000 年,塞登在西悉尼大学确认的第二代教育博士的特征包括在研究和应用性研究方面的培训,论文采用档案袋的形式,项目包括研讨会、小组会议和学术会议。塞登还总结了莫纳什大学教育博士的特点:专业博士学位的演变轨迹是从主要依靠课程内容和个性化监督的教学型专业博士学位,到建立一个学习环境,提供各种支持,以方便博士生和工作人员学习。[①]尽管如此,调查发现第二代专业博士学位对于工业的影响仍然有限。2000 年,麦克斯韦尔以"混合型课程"的概念为基础,分析了澳大利亚和新西兰 109 个专业博士学位项目中的 72 个,得出结论:第二代专业博士学位也已经立足。37 个专业博士项目的某一方面在"混合型课程"模式的中心,但同时仍然有 20 个项目停留在第一代专业博士模式

---

① Seddon T. What is doctoral in doctoral education? The 3rd International Professional Doctorates Conference entitled "Doctoral Education and Professional Practice: The Next Generation?", Armidale, 10-12 September, 2000: 3.

之中。①

"档案袋"的创造性使用是澳大利亚专业博士培养模式改革的一个显著特点。与传统学位论文相比，档案袋更具灵活性。因为内容的多元化，档案袋的形式可以使专业博士生参与到自己感兴趣的、更广泛的、与其专业实践密切相关的项目研究中。档案袋包含一系列研究成果，更适合兼读制的博士生。与传统的博士论文相比，档案袋是一个作品集，为学生提供了持续自我反思的工具，可能更适合专业博士教育。需要说明的是，档案袋并非降低毕业难度，而是一种创新。"新英格兰大学要求教育博士生的多篇学术论文需要达到公开发表的水平，档案袋文字的总量要大于单篇博士学位论文。西悉尼大学要求的档案袋包括6篇研究性论文，其中必须有4篇是公开发表的。"②各培养机构对档案袋中每个部分的内容都有比较明确的要求，操作性非常强。

当然，档案袋的局限性也是显而易见的：一是逻辑性弱。相对分散的论文结构容易导致几个研究不相关，研究之间缺乏连贯性。二是普遍缺乏深度。档案袋容易造成多头研究，而每个研究内容都是浅尝辄止的问题。三是相应的管理环节还不完善。管理者对这种新的成果形式还不熟悉，缺乏管理和评价经验，影响了档案袋的实施成效。总体来说，档案袋的推出使澳大利亚专业博士教育更多地具有第二代专业博士的特征。

（二）英国

与其他国家相比，英国更注重大学与工商界的合作，普遍实施跨机构联合培养。工程博士、临床心理学博士等专业博士项目的跨机构合作较为普遍。

1. 培养目标

深刻认识到第一代专业博士教育与哲学博士趋同问题之后，英国各大学都对专业博士教育的培养目标进行了更加清晰的界定。米德塞克斯大学教育博士是英国最大的专业博士项目之一，其变革后的理念是：以跨学科为形式，以学习者为

---

① Maxwell T, Shanhan P. Current issues in Professional Doctoral education in Australia and New Zealand. The 3rd International Professional Doctorates Conference entitled "Doctoral Education and Professional Practice: The Next Generation?", Armidale, 10-12 September, 2000: 17-20.

② 李云鹏. 教育博士学位论文的形式与质量标准. 比较教育研究，2013（3）：28-32.

中心，以经验为引导。课程内容、研究方法、背景、评价及大学与专业的伙伴关系，都取决于项目学习者，发展出一种基于工作的协商式学习模式。[①]综上所述，英国第二代专业博士教育培养目标的关键特征是专注于增强专业实践，以发展"研究型专业人员"为目的，而哲学博士学位的目的是培养"专业研究人员"[②]。

2. 入学条件

第二代专业博士教育在入学条件方面有新变化：一是更加重视对博士生实践经验的考察。伦敦大学教育博士招生要求申请者具有4年及以上的学校及其相关领域的工作经验。二是更加看重候选人对高校可能带来的收益，对候选人所提议的研究选题能否获得外部支持进行评估。

3. 课程设置

第二代专业博士教育的课程模块是一大创新，主要体现在课程的混合模式设计上，该设计遵循知识生产模式2理论，采用李等提出的三维模式。英国第二代专业博士教育的课程结构在一定程度上实现了专业性、研究性、实践性的有机统一。

4. 研究成果

第二代专业博士教育较多采用档案袋作为最终考核的成果形式，把专业博士生的课程学习、专业实践、专业研究等方面的成果汇集，包括论文集、会议报告、学位论文等。这些能够被接受的成果形式多种多样，成果内容是"大学学术—专业实践—工作场域"三者交叉融合的结果，凸显了第二代专业博士学位的实践导向。

第二代专业博士教育经历时间虽然较短，但凸显了专业博士教育应有的特色。注重专业实践是第二代专业博士教育的首要特征，专业性、实践性成为培养专业博士的鲜明特征，培养研究型专业人员成为共识（图3-1）。

---

① 李云鹏. 知识生产模式转型与专业博士学位的代际嬗变. 高等教育研究，2011（4）：42-48.

② Bourner T，Ruggeri-Stevens G，Bareham J. The DBA：Form and function. Education and Training，2000（9）：494.

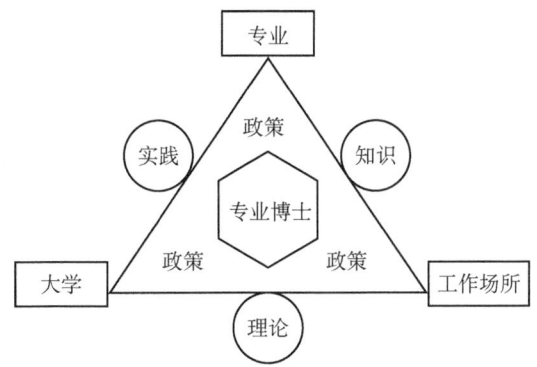

图 3-1　第二代专业博士学位教育的理论模型

资料来源：Burnard P，Dragovie T，Ottewell K. Voicing the professional doctorate and the researching professional's identity：Theoring the EdD's uniqueness. London Review of Education，2018（1）：40-55.

英国学者斯科特等研究了米德塞克斯大学的 12 个专业博士学位，领域涉及工程、商业和教育，结论显示这些专业博士学位的焦点正在从大学移向工作场所。"斯科特等人展示了五种知识：学科知识、技术理性知识、素质的和跨学科知识、批判性知识和混合知识（hybridity）。而最接近米德塞克斯大学专业博士的是素质的和跨学科知识模式，因为它'在本质上与个体及其实践相关'。用斯科特的话说，专业博士学位学习的收益是博士生获得了更大的自信、智力发展和更大的事业心，而不是所谓重大的新的专业知识。"①

（三）美国

美国的专业博士历史久远，但也积弊很重。与其他国家最大的不同是，美国的专业博士教育总体上是职前教育，并长期处于第一代专业博士阶段。2000 年前后，美国专业博士教育进入一个关键节点，要设计一个不同但与哲学博士同等质量的项目。2006 年，著名学者舒尔曼等主张摆脱教育博士模仿哲学博士的现状，为教育实践者设计一种崭新的专业博士学位项目——专业实践博士（Professional Practice Doctorate，P.P.D.），要求主要采取临床教学和案例研究方法，雇佣具有丰富实践经验的教师，以培养高素质、专业领导型教育实践者。② 变革后的专业实践博士项目继续关注学术内容，但它的着力点不是为学术内容服

---

① 李云鹏. 知识生产模式转型与专业博士学位的代际嬗变. 高等教育研究，2011（4）：42-48.
② 李云鹏. 知识生产模式转型与专业博士学位的代际嬗变. 高等教育研究，2011（4）：42-48.

务而是为现实服务。

1. 重塑培养目标

南加州大学教育学院对教育领导博士（Doctor of Education in Educational Leadership，Ed.L.D.）进行了重新设计，对人才培养目标、课程体系、教学方式和毕业考核等进行了全面改造。"教育学院全面系统考察了教育领导博士未来工作所需要的核心知识技能，如何传授和培养这些知识技能，怎样保障和检验这些知识技能的获得及其成效等。教育学院立志设计一个与教育学 Ph.D.不同但具有同等质量水准的新型教育博士项目。"①这成为该校变革教育博士培养模式的认知基础和指导理念。变革后的南加州大学教育领导博士项目更加强调教育实践和教育理论应用，重点培养学生六个方面的核心能力：问责制、批判性反思、多样性与公平、道德规范、学习组织、研究与数据，以此来塑造具有批判意识的创新型教育领导者。项目招收渴望成为城市教育领导者的在职专业人员，调查统计发现，经过 3 年的培养，"95%校友认为该项目促进了教育博士的职业发展，89%校友认为项目为未来的就业做好了准备"②。应该说，变革较好地实现了培养目标。

范德堡大学更加清楚地区分了教育博士与教育学博士，进一步明确教育博士的培养目标是"旨在面向全国培养下一代研究型教育领导者"③。变革后的教育博士项目既能充分反映博士学位应有的学术严谨和学术水准，又能满足学校领导者所需的知识和能力需求。与变革前的教育博士项目相比，变革后的教育博士项目更侧重于培养教育博士生卓越的学术研究能力，通过更为开阔的理论视野来发现和把握教育领导的规律和趋势，同时聚焦并根植于当下的教育实践问题。变革后的教育博士项目还注重培养学生的复合型能力，包括对外交流合作、教育领导、财政管理、财政援助、绩效激励和组织提升等方面的能力，这些都是当前教育领导岗位专业人员肩负的重要职责，又是教育博士生较为缺乏、亟需提升的能力，这些能力能够帮助他们具备洞察并解决复杂教育领域问题的能力。

---

① USC Rossier. Doctoral of Education in Educational Leadership. https://rossier.usc.edu/programs/doctoral/ed-leadership/.（2020-09-29）[2022-01-29].

② USC Rossier. Career Opportunities. https://rossier.usc.edu/programs/doctoral/ed-leadership/careers/.[2022-01-29].

③ Building L C. Sustaining, and expanding the Education Doctorate at Peabody College：An administrative view. Peabody Journal of Education，2009（84）：44-47.

2. 变革培养模式

南加州大学新型教育博士项目第一年核心课程奠定知识能力根基。基于当前教育现实对教育领导者的要求，分设四个主题模块：责任、多样性、领导、学习。每个主题模块都相应设置了一套跨学科的课程体系，目的是为学生奠定宽广的知识基础，要求学生学会运用多学科知识和多元领导理论去探索、分析和解决教育领导领域中的实际问题。核心课程强调培养学生的沟通技能、组建富有挑战性团队的能力，提升学生分析和处理问责制背景下各类责任问题的能力。后续的专业课程和研究方法课程都建立在核心课程的基础之上，并与学生的职业发展目标相匹配。第二年的专业课程重点培养学生的职业胜任力。博士生根据自己的职业规划选择专业：教育心理学、高等教育管理、城市中小学领导、卓越教学变革，并分别培养面向不同就业岗位的教育领导者。每个专业的培养路径包括四门专业课程，主要学习与未来职业相关的深度知识，重点发展研究能力、对前沿研究成果的敏锐感知力、对理论知识的实践运用能力，这些能力综合起来就是职业胜任力。每个专业都强调理论在教育实践中的具体应用，课堂学习的重点是典型的实践案例和最有应用价值的理论研究成果。在核心课程和专业课程的实施过程中，以实践性为表现形式的两门研究方法课程一直同步进行，并强调研究方法课程所学内容的实际运用，使理论学习和实践运用并行，并不断深化二者的融合。

变革后的范德堡大学教育博士形成了实践取向的课程体系与支持性的教学模式。课程采用实践中心模式（practice-focused model），面向实践工作者，坚持问题导向。"制定课程时，注重以实践性知识为核心。"[①]其课程大致分为三类：理论学习课程、数据分析技术课程、背景分析类课程。理论学习课程旨在培养和发展学生对于理论知识与实践问题的理解力；数据分析技术课程旨在运用科学的方法来解答教育领导实践中所面临的问题与挑战；背景分析类课程旨在学习和了解教育机构所处的大背景和特定挑战，并制定合理的解决方案。这些课程都兼顾了学术理论性和专业实践性，内容都基于教育专业人员在日常工作中所面临的问题和挑战，以培养具有丰富专业知识、卓越领导力的教育领导者，从而变革并改进其所在的教育组织。

---

① Caboni T, Proper E. Re-envisioning the professional doctorate for educational leadership and higher education leadership: Vanderbilt University's Peabody College Ed.D. program. Peabody Journal of Education, 2009 (1): 61-68.

南加州大学新型教育博士采用组群式（cohort）教学模式。博士生从入学就被分编入组，课程学习都在群组内合作进行。所有教育博士生一起参加24学分的核心课程学习，然后同一专业内的学生一起参加30学分的专业课程学习。这样就创建了一个以专业为导向的全过程学习共同体，这个学习共同体一直持续到专题论文写作完成甚至学生毕业之后。这样设计的主要目的是强化教育博士生之间经验分享和团队合作，这符合教育领导者作为成年职中学习者的特点。由于教育博士生都是实践经验丰富的学生，个人工作中遇到的真实案例也成为课堂讨论的重点，这增强了理论与实践的内在联系，有助于培养学生批评性思维和反思能力，更能够强化学生运用所学理论知识来科学分析复杂多样的教育实践世界。

南加州大学新型教育博士项目独创了"差距分析法"（gap analysis）。差距分析法要求博士生在尝试解决问题前通过理论分析找出真正的问题，然后进行多维度的系统分析。例如，"××方面的目标是什么？目前离目标有多大差距？差距存在的原因是什么？就知识、技能、动机及组织因素等方面，什么解决方案能够缩小差距？如何实施解决方案？如何评价并管控解决进程？"[①]这是一种模拟解决问题的教学模式，能够有效促使学生采取头脑风暴的创新思维对实践问题进行理论分析，是培养和提升学生分析问题能力的有效方法。差距分析法能够很好地帮助学生通过自我审视相关问题，培养他们作为领导者"发现问题—分析问题—解决问题"的思维方式，为创造性地解决自己真实工作情景中的问题做好准备。

南加州大学新型教育博士项目通过实践实验室（practice lab）对理论与实践进行整合，培养学生的实践能力，通过差距分析法教学实现对学生在理论思维能力上的塑造。实践实验室采取小组合作的方式进行专题研究，对实践问题进行调查研究和理论分析，并对自身的领导管理工作进行评估，这被称为"自我效能感检测"（self-efficacy test）。学生通过测试对自己现有的工作能力进行全面评价，进而对一种理想的自我效能感建立预期和发展方向，从而在工作实践与学术研究之间形成一种螺旋式的共融互促关系。教育博士生在理论研究与实践工作之间不断螺旋式反思并不断修正实践模式，通过不断的理论反思和实践重整，成为"研究型专业人员"。

---

① Marsh D, Dembo M. Rethinking School Leadership Programs: The USC Ed.D. Program in Perspective. Peabody Journal of Education, 2009（1）：69-85.

一线专业实践人员加入教育博士的指导是南加州大学和范德堡大学的共同做法。南加州大学新型教育博士的导师来源广泛，包括教育心理学、教育管理、教师教育等专业的学者，也包括高等学校、中小学校和学区的教育管理者。通过两类杰出导师的共同指导，实现理论与实践的有机统一。而且两类教师都拥有平等的指导地位和充分的参与度，"事实上，没有一线实践者的参与，教育领导博士就无法实现要实施的变革"[①]。当然理论型导师对教育领导实践非常熟悉，实践型导师也具有一定的理论思维水平，双方才能有机地组成导师团队。范德堡大学教育博士项目选用一线权威专家授课，带给教育博士生更深刻的实践认知。例如，该项目的"中小学教育法课程由一位在特殊教育、宗教、性骚扰、教师专业发展、学生权利与义务等多个方面优秀的律师型教授来授课。由州高等教育委员会的执行主任来教授金融、州级学校监督、教育预算和战略计划方面的专业知识"[②]。这些一线高端人物所讲授的课程，能够站在更高、更广的视野来分析教育问题，从而深化学生对理论与实践内在关系的认识。

3. 变革考核方式

群组"专题论文"是南加州大学创新的一种教育博士毕业考核模式。在第二年夏季结束专业课程和研究方法课程之后，学生继续以群组的形式进入毕业专题论文（thematic dissertation）撰写阶段，论文主题一般是目前教育领域比较棘手的教育领导问题。"专题论文"由学生、学术导师、实践领域专家合作组建专题论文小组，经过充分讨论后选择与学生专长和未来职业发展目标最相关的3个专题，每个专题论文组一般由8名学生组成，小组成员在同一主题下选择不同的问题或问题的某个方面进行既独立又合作的研究。每个学生对自己的研究负责，撰写各自的论文。同时大家的研究是同一个主题的不同方面，每个小组成员共同收集整理文献、统计调查数据，合作探究解决问题的策略，经过不同的经验和视角碰撞与交流，每个学生既对该主题有全面系统的理论认识，又能够掌握有效地解决教育问题的行动方案。专题论文小组成员彼此协作相互支持，再加上理论导师

---

① Marsh D, Dembo M. Rethinking School Leadership Programs: The USC Ed.D. Program in Perspective. Peabody Journal of Education, 2009 (1): 69-85.

② Loss C. Building, sustaining, and expanding the education doctorate at peabody college: An administrative view. Peabody Journal of Education, 2009 (84): 44-47.

与实践专家的共同指导，形成了学术共同体。这种强大的合作关系形成了牢固持续的内部支持，增强了学生的信心，提高了论文的质量。

"专题论文"采用更能紧密联系学生实际和职业发展目标的新思维，运用"进入实践"的行动研究解决实践问题，强调在教育实践的真实场景中进行教育调查研究和理论分析。"专题论文"所呈现的研究成果源自教育博士生亲历的实践环境，且都是基于当前教育领导方面的困境，完成论文对提升学生问题解决能力非常有效。这项毕业考核模式的改革是"来自要面对传统论文过程的绝大部分教育博士生的强烈呼唤"[①]，由此可见传统博士论文给教育博士生所带来困扰的严重性。这也是卡内基教育博士重整计划（CPED）发起的主要背景，传统的教育博士培养模式（尤其是考核模式）已经到了非改不可的地步。

范德堡大学教育博士项目创设了毕业体验项目。咨询服务的教育机构向范德堡大学教育学院提出合作意向，教育学院将意向改造成为毕业体验选题。近年来，校外 20 多家客户来寻求合作，包括中小学校、地方学区、高等学校、州教育主管部门、国际教育组织等。客户提出咨询需求意向后，导师组提出建议和评价，从中形成 6—7 个毕业体验选题，每 2—3 名学生组成一个研究小组。学生们选择并嵌入到一个小组项目之中，用 1 年的时间从不同的角度完成一篇独立的论文，小组内所有同学的论文汇集起来能成为一个全面的问题分析与解决方案。[②]最后以咨询报告的形式呈现，"约 75 页的篇幅，9 个部分：研究问题的确定、问题背景的分析、研究主要发现、对关键内容的讨论、相关政策或具体建议、实施策略与步骤、研究结论、附录、参考文献"[③]。

为了帮助学生顺利完成毕业体验项目，范德堡大学教育博士项目"还实行学生进步报告制度，分多次收集学生个人的进步报告状况，以确定群组内每个成员的努力程度和贡献大小，包括进展报告、中期报告、草案报告、毕业设计报告、毕业论文。这种详尽的操作性强的培养过程对学生的发展和培养质量的保障发挥

---

① Marsh D, Dembo M. Rethinking school leadership programs: The USC Ed.D. program in perspective. Peabody Journal of Education，2009（1）：69-85.

② Redden E. Envisioning a New Ed.D. Inside Higher Ed. https://www.insidehighered.com/news/2007/04/10/education.（2007-04-10）[2022-01-29].

③ Smrekar C, McGraner K. From curricular alignment to the culminating project: The Peabody College Ed.D. capstone. Peabody Journal of Education，2009（1）：48-60.

了重要作用，这也正是过程性评价和制度化培养的具体体现，成为高强度质量保障体系的重要组成部分"①。此外，范德堡大学教育博士项目还设置了毕业体验讨论课程和项目主管督导制度。3学分的讨论课程贯穿整个毕业体验项目的全过程，用以指导和监督项目进度。研讨课定期交流，具体说明研究的主题和资料收集策略，研制毕业计划进度表和任务安排。项目主管对项目进行全面的监督和指导，导师与客户协商联合开发毕业计划，为学生群组制定进度表及协调学生组成群组，协调毕业群组与实习机构之间的联系，经常性地与小组及个人进行交流，为其提供指导和建议。高度结构化的培养模式对保障教育博士的培养质量具有积极意义，而且深受博士生的欢迎。

此外，范德堡大学教育博士项目以团队咨询报告的整体质量衡量是否授予教育博士学位。如果团队的咨询报告不能令客户和主管满意，则整个团队都将被认定为不合格。因此，团队成员与客户及主管必须密切合作，提出能够解决实际问题的高质量的咨询报告才能被客户和主管接受，才能获得博士学位。这种方式倒逼团队必须相互协作支持，结成牢固的学术共同体。

卡内基教育博士重整计划的变革理念与实践，以及南加州大学、范德堡大学及哈佛大学的教育领域博士的变革都充分证明了第二代专业博士培养模式的逐渐成熟。哈佛大学于2009年新设教育领导博士，是对存在近百年教育博士的创新。其主要特点是课程体系具有鲜明的"混合型课程"特征。来自哈佛大学教育研究生院、商学院和肯尼迪学院的教师，在充分尊重博士生的背景和兴趣的前提下，为博士生量身定做个性化的培养方案，实现高度整合的模块课程教学，目的是把博士生培养成有效驾驭教育系统乃至多社会系统的领导人，而博士生从中获得专业的、组织的和政治的知识与技巧，并实现知识和理论在不同系统之间的有效转换。其次，实践性特征突出。该项目要求博士生到合作学校或教育组织中进行长达一年的挂职实行，要求博士生全面系统地投入到组织领导工作之中去，尤其要在实习组织中亟待解决的问题方面做出切实的努力和成效。②南加州大学教育博士项目的目标是培养教育领导者在公立学校实现学校改革和教育质量提升。该项目把项目研究问题优先性聚焦于地区性需要，与当地的中小学和社区建立了

---

① 李云鹏. 教育博士学位论文的形式与质量标准. 比较教育研究, 2013 (3): 28-32.
② 李云鹏. 知识生产模式转型与专业博士学位的代际嬗变. 高等教育研究, 2011 (4): 42-48.

牢固的伙伴关系；创新群组学习模式，使博士生从同学的不同经历和观点交流中相互受益，博士生与同伴和导师合作。①这些例子都清楚地显示，美国的教育博士项目正在向专业博士学位第二代模式转向，与知识生产模式转型和专业博士学位的代际嬗变紧密呼应。

圣路易斯大学的教育博士项目用小组毕业设计（group project）取代毕业论文，其特点在于博士生的论文选题直接来源于实践，并在同伴合作研究的过程中发展博士生的专业研究能力，其目的在于突出教育博士论文的"实践性"特色。选题来源于实践，在为实践服务并在同伴合作研究的过程中发展了博士生的专业研究能力。教育博士生在完成两年的课程学习后，进入研究阶段。这时，每个博士生可与2—3个同伴结成一个研究小组，根据共同关注的专业实践问题确定一个研究课题（project），在导师的指导下分工进行合作研究。小组成员利用一年多的时间，将课题带到实践中展开研究，在周末，定期召开碰头会，最后形成一个代表集体研究成果的研究报告。研究报告审查合格后，进入答辩阶段。答辩采取集体答辩和个人答辩相结合的方式，在符合标准的情况下，可对该研究小组中的每个人授予教育博士学位。事实证明，新的项目是有效的，并非每一个成员都能毕业。群组计划的严格性不低于论文。对导师的要求也很高，需要学习一些新的指导技能，以评价作为合作团队成员的能力。新项目迎合了社会需求与学位本质需要，也适合繁忙的管理者、兴趣相投的同伴一起合作进行研究。②

总之，从第一代到第二代的转变可以看作专业博士学位发展的关键一步，它改变了占统治地位的"学术知识优于专业知识"的思维定势，形成了整合大学与工作场所的新的知识生产体系，建立了一种完全不同于哲学博士培养模式的专业博士培养模式。③

4. 美国变革教育博士培养模式的共同特点

CPED 行动强调在重塑教育博士项目的过程中，既尊重各校的办学特色，更强调用一个共同的教育理念和近似的培养模式来塑造一个特色鲜明的教育博士学位类型，实践取向是其突出特征。

---

① 李云鹏. 美国教育博士培养的近百年经验. 中国高教研究，2013（5）：37-42.
② 李云鹏. 美国教育博士培养的近百年经验. 中国高教研究，2013（5）：37-42.
③ 李云鹏. 知识生产模式转型与专业博士学位的代际嬗变. 高等教育研究，2011（4）：42-48.

（1）学位理念：面向实践

与 CPED 行动培养高质量的教育领导者的愿景相一致，南加州大学和范德堡大学新型的教育博士项目的理念与教育学博士及传统的教育博士完全不同，不再从教育学科的历史、理论和研究入手培养教育博士，而是首先确定教育领导者在不同教育环境中面临的任务和教育领导者所应该具备的知识和能力体系，以此来倒推教育博士应然的培养目标和培养方案。新型教育博士项目希望将大量的理论知识、最佳研究与实践结合起来，以培养出更有效的研究型教育领导者。

南加州大学、范德堡大学在变革教育博士培养模式时，都对新型教育博士学位做出了全新的定位，认为教育博士一个专业性学位，致力于培养"研究型专业人员"（researching professional）[①]，即教育领域的领导者和政策制定者，力图解决长期以来传统教育博士培养偏"学术化"、与教育学博士趋同的问题。这就从教育博士的基本理念上回归了实践性，教育博士是面向教育实践领域的专业博士学位。牢牢地建立面向教育实践的专业博士学位是美国变革教育博士的基本出发点，有了这个出发点，教育博士就会通过各种方式强化项目的实践性，使培养模式因差异化而更具独特性和合法性。

（2）课程与教学：融入实践

变革后的教育博士项目强调将工作场所作为实践实验室，从而使理论与实践充分衔接。新项目提供丰富多样的课程体系，并通过注重实践学术的特色教学，既基于教育博士生自身的实践优势，又把学术理论充分融入实践过程，使其更容易被教育博士生接受。教学过程更倾向于解决现实的教育问题，教学形式多有案例、小组讨论和项目制，而大量减少传统的知识理论讲座形式。新型教育博士以群组学习的形式组织起来，构建学习和学术共同体，不仅真正发挥了教育博士生的自身优势，还可以相互弥补各自的不足。新型教育博士项目引进一线专家和毕业生参与授课，把教育实践领域的真实案例纳入主修课程中，把学生自己的领导实践作为学习和批判剖析的对象，让学生通过理论分析和实际调查，寻求解决思路和策略。

新型教育博士项目都重视设计关联度性强的课程体系。课程是实现育人目标

---

① Levine A. Educating Researchers. The Education Schools Project，2007：38. http://www.edschools.org/EdueatingResearchers/educating_researchers.pdf.（2020-09-29）[2022-01-29].

的主要路径，重视课程教学一直是美国研究生教育的一大优势。南加州大学教育领导教育博士项目构建了集核心课程、专业课程、研究方法课程、论文研讨课程于一体的课程体系，这些课程之间彼此衔接、相互渗透。范德堡大学设置的毕业体验讨论课程，有效解决了以前教育博士生在毕业论文撰写中的困难，对顺利完成合格的毕业论文起到了关键作用。

从根本上讲，这些课程是"职业锚定"（professionally anchored）[①]的，基于教育领导者在其专业背景下遇到的真实的政策或实践的困境。在整个课程学习过程中，学生被定位为教育的领导者、数据及案例研究的消费者，他们通过学习发现并提出教育的问题，收集和提出数据资料，目的是发展和优化他们的领导模式。以这种培养方式可以有效避免教育博士落入"既没有为实践也没有为研究做好准备的危险"[②]。这种新型的教育博士培养模式使学生既在实践中学习，更在实践中研究，因此，研究型专业人员的培养目标得以实现。

（3）毕业考核：走进实践

南加州大学和范德堡大学的教育博士毕业论文选题来源于客户需求和学生兴趣，学生与客户形成服务型委托代理关系。教育博士生被委托完成解决实践问题，在研究过程中，博士生与客户及导师形成研究共同体，最终成果需要得到客户及导师的认可。在形式上，教育博士毕业考核以专题论文或咨询报告的形式呈现，需要经由项目主管和客户通过。专题学位论文和客户咨询报告的形式促成了真正客户需求群的出现，需要咨询问题是货真价实的教育真问题。而且在研究过程中，确实在尝试运用科学的教育研究方法来追求解决问题的实效性，而不是仅仅停留在理论探讨的层面上。这就真正打通了理论与实践两个领域，尝试运用理论的智慧来解决实践难题。这种走进实践、解决实践问题的毕业设计与考核方式，更直接地连接实践的毕业体验，既符合教育博士生的当下优势和未来发展，又符合社会对教育博士生的期望和要求。

---

① Murphy J，Vriesenga M. Developing professionally anchored dissertations：Lessons from innovative programs. School Leadership Review，2005（1）：33-57.

② Shulman L，Golde C，Bueschel A，et al. Reclaiming education's doctorates：A critique and a proposal. Educational Researcher，2006（3）：25-32.

三、第三代专业博士："工作场所+自我反思"

在第三代专业博士教育中，大学和专业之间的伙伴关系被候选人自身的需要和动机驱动，第三代专业博士基于学习者管理学习之上。①卡内基教育博士重整计划对教育博士学位论文进行再定义——教育博士学位论文应是实践型论文，或是致力于解决实践中复杂问题的论文。②教育博士将其新技能应用于工作场所，以便参与"深思熟虑的行动过程，从而实现实践的进步"，并为专业知识做出贡献。③

米德尔塞克斯大学首创的"专业研究或专业实践博士"，是第一个基于协商工作学习模式、以工作为基础的博士项目，而不是博士学位或类似于模块化硕士学位的扩展结构。从本质上说，这种模式允许工作中的人们围绕他们的工作建立一个定制的和很大程度上自我管理的高等教育方案，其中大多数评估材料采取工作项目或工作活动组合的形式。与第二代博士相比，它更明显地位于模式2知识或知识应用领域，重点是产生实际行动。根据斯科特等的说法，专业实践博士涉及到一种"反向殖民"的形式。在这种形式中，大学"更多地进入实践领域，调整他们的工作方式，以便产生具有实际应用价值的知识"④。专业实践博士需要高层次的实际行动，反映高水平的实践思维。专业实践博士项目的核心要求是它具有重大的组织或专业影响。

第三代专业博士学位把学习主体博士生放在博士教育的中心，实现了从"学科发展"向"博士生发展"的方法论转变。有学者强调，"近一个世纪以来社会面临的挑战表明，最高层次的大学教育已经不可能仅仅培养研究者甚至是特别专业学科的高级实践者。如果大学要有效地投身于社会变革，帮助实践者发展必需

---

① Scott D, Brown A, Lunt I, et al. Professional Doctorates: Integrating Professional and Academic Knowledge. Milton Keynes: Open University Press, 2004.
② Perry J, Zambo D, Abruzzo E. Faculty leaders challenges and strategies in redesigning EdD programs. Impacting Education Journal on Transforming Professional Practice, 2020（1）: 1-6.
③ Lindsay H, Kerawalla L, Floyd A. Supporting researching professionals: EdD students' perceptions of their development needs. Studies in Higher Education, 2017（12）: 2321-2335.
④ Perry A, Zambo D, Abruzzo E. Faculty leaders challenges and strategies in redesigning EdD programs. Impacting Education Journal on Transforming Professional Practice, 2020（1）: 1-6

的质量,专业实践博士学位就需要成为高等教育更加必要和主导的部分"①。博士生要发挥自身的能动作用,就要在项目中不断学习、接受挑战,他们自身的投入才是保证博士生教育项目成效的最根本因素。②当然,任何阶段任何类型教育的核心都需要博士生自觉的自主学习。专业实践博士比第二代专业博士更加全面地把专业博士生的培养置身于知识生产模式2,寻求在工作领域更稳固的地位,代表高级专业学术。③它注重实践行动,注重专门职业的、组织的或者社会的复杂议题。在某种程度上,这种专业博士教育更强调的是实践变革,而不是知识生产或者理论创新。事实上,这种博士与专业博士有所不同,它不是基于学科的,也不是为特定的职业做准备的。④其目的是发展个人和专业的能力,并促进持续发展。

　　从某种意义上说,研究是一个高投入的塑造人的活动。正如哲学家伽达默尔所言:"教育意味着一场极其深刻的精神变革。"⑤培养创造性人才是专业博士学位研究生教育的最高宗旨。高等教育必须培养全面发展、富有灵性的人,只有这种人才能应对纷繁不同的社会环境。"既然教师之所以成为教师大多是'自造'(self-made)的结果,而不是'被造'的(be-made)的结果,那么,教师专业发展就不能仅仅仰仗学科知识或教育理论的学习,而更大程度上应该依靠博士生'自助'。"⑥"自助"意味着学习者要从自身的教育工作实践中寻求自我成长的源泉与动力,而且必须主动地参与和投入到他们自身的专业发展之中。⑦博士生的专业成长不仅是知识的积累和技能的养成,更是实践智慧的提升。

　　能力培养是未来博士教育的根本目标之一。"通过提升反思实践技能、拓展他们的理论基础、探索学术研究及工作活动的不同价值来培养参与者的高级专业领导力。压缩关键的学术属性:熟悉高级知识和分析技能;灵活使用学术研究和

---

① Lester S. Conceptualizing the Practitioner Doctorate. Studies in Higher Education,2004(6):750-777.
② Carnegie Initiative on the Doctorate. http://gallery.carnegiefoundation.org/cid/.[2021-11-09].
③ Lester S. Conceptualizing the practitioner Doctorate. Studies in Higher Education,2004(6):757-770.
④ 李云鹏.美国教育博士专业学位的发展动力与变革模式研究.南京师范大学博士学位论文,2012.
⑤ 汉斯·伽达默尔.真理与方法.王才勇译.沈阳:辽宁人民出版社,1987:14.
⑥ Jonhson K. Every experience is a moving force: Identity and growth through mentoring. Teaching and Teacher Education,2003(19):787-800.
⑦ Jonhson K. Every experience is a moving force: Identity and growth through mentoring. Teaching and Teacher Education,2003(19):787-800.

文献；在判断和决策时严格细心；成为反思性博学之士。"①

知识社会要求更高技术的专业和更大的创新能力。以后博士教育需要为社会培养有智慧的研究者。因为社会和商业从大学中更加需要智慧而不是技术。"顶尖大学的基本职能是发展新的思维，把新思维和创新人才带到社会中。育人，不是培养片面的知识人，而是塑造和谐发展的智慧人，培养有创造性、批判性、自主性、推动社会发展的人。博士教育取决于专业研究和个人发展之间的相互影响。最高成果是培养出高度个性化的个体。"②"研究生教育基本上是一个探究的工具，导致思维迸发。"③培养的受教育的公民促进和保卫我们的民主理想。"当前的知识的参与者呈多元趋势，知识呈现'社会弥散'的特征，问题中心、应用主导的课题研究日益增加，从而需要更多的跨学科工作和研究的能力。为了适应知识生产方式的转型，博士生教育必须注重处理好三重张力：学科标准与跨学科标准之间的张力、知识创新与研究训练之间的张力、理论研究与实践能力之间的张力。"④"大学拥有一个与公民有关的目的，即用知识和理性武装博士生，使其成为良好的公民并过上有意义的生活。"⑤知识经济对博士教育模式提出了挑战，它不仅促进了专业博士的发展，而且重塑了哲学博士培养模式。在此背景下，博士教育的主体不得不从"自主的自我"转变为"具有创业精神的自我"（enterprising self）。⑥

1. 培养目标

第三代专业博士教育强调以专业博士生的工作场所作为学习的基础，目的是培养能够对专业实践做出重大原创贡献的高级反思型从业人员。它赋予专业博士生充分的个人主动权，使专业博士生处于学习和研究的中心。它强调博士生个体

---

① Morley C, Priest J. RMIT reflects on its doctor of business administration program. In T. Maxwell, P. Shanhan（eds）, Professional Doctorates: Innovations in Teaching and Research-Proceedings of the Professional Doctorate Conference, Coffs Harbour, 8-10 July 1998（Armidale, Faculty of Education Health & Professional Studies）: 25.

② Boglea D, Dronb M, Eggermontc J, et al. Doctoral degree beyond 2010: Training talented researchers for society. Procedia-Social and Behavioral Sciences, 2011（13）: 35-49.

③ Storr R. The Beginning of the Future: A Historical Approach to Graduate Education in the Arts and Sciences. New York: McGraw-Hill, 1973: 84.

④ 陈洪捷. 知识生产模式的转变与博士质量的危机. 高等教育研究, 2010（1）: 57-63.

⑤ 詹姆斯·杜德斯达. 21世纪的大学. 刘彤, 等译. 北京大学出版社, 2005: 61.

⑥ Mark T. Doctoring the knowledge worker. Studies in Continuing Education, 2004（3）: 431-441.

专业经验的发展，强调博士生在探究工作场域现实问题的过程中发展批判性反思能力，并致力于实践变革实验，从而生产专业性实践知识。

2. 入学条件

第三代专业博士教育更加强调申请者的专业知识、实践经验。申请者需要是一线实践者中的优秀成员，具有解决复杂的实践问题的综合能力，具备在相关行业工作的领导经验或在行业组织中担任高级职务。

3. 课程设置

第三代专业博士的课程设置都是每个候选人主动为自己量身定做的。大体而言，"项目"本身就是"工作"，就是研究的对象。课程设置不仅突出"工作场所的学习"，更体现出以学习者为中心的教育理念。第三代专业博士的课程大致有两个阶段：一是群组学习阶段。所有专业博士生按照专业和学习兴趣组成学习小组，在群组内共同学习，共同进步。二是专业博士生在工作场所进行的项目实践和研究阶段。这是专业博士生运用所学，进行实践检验的阶段，这时候需要学校和导师对专业博士生加以引导。美国范德堡大学的教育博士项目的课程设置就是以真实教育实践问题为导向的。"'职业锚定'式的课程，意味着每门课程都处于实践者日常工作所面临的真实世界的挑战之中。"[1]第三代专业博士教育既有特殊的学习需求，又可选择合适的方法来发展自己。

4. 成果形式

在第一代专业博士教育中，与哲学博士相同，毕业论文是最终成果。第二代专业博士项目的最终成果突出强调专业实践性，强调知识与技能之间的联系，普遍采用档案袋式的学业成果组合。第三代专业博士的成果形式仍然采用档案袋式组合的方式，而且比第二代更为灵活，成果形式更加多样，更看重现实价值的实践性成果。

值得注意的是，专业博士项目建设和实施的现实意味着培养模式上简单的二分法是不现实的，从第一代到第三代的模式演变是专业博士学位本身连续性发展的过程，因而界限并非泾渭分明，会因学科专业不同、国家不同而不同程度地带

---

[1] Caboni T, Proper E. Re-envisioning the professional doctorate for educational leadership and higher education leadership: Vanderbilt University's Peabody College Ed.D. program. Peabody Journal of Education, 2009 (1): 61-68.

有每种模式的特点，甚至是平行存在的。①第三代专业博士教育更加注重通用可迁移技能的发展，进而创造跨学科性质的知识。第三代专业博士教育融入了更多领域的专业人员参与，活动场域更复杂、多元，专业博士生的学习和研究领域更加宽泛，成果形式更加多样化，这些都促进了知识生产模式的跨学科性，其课程教学也是跨学科课程的整合与贯通，师资队伍也更加跨学科、跨领域。

---

① 罗英姿，李雪辉. 国外专业学位博士生教育：历程、问题与启示. 学位与研究生教育，2020（3）：71-77.

第四章

专业博士教育的规律

把握专业博士教育规律是发展专业博士教育的前提。随着高等教育从社会边缘走向社会的中心,"如果大学不可避免地要卷入到复杂的社会中去的话,那么我们就既需要专业方面的高深学问,也需要研究方面的高深学问。经验即历史表明,当这两方面相互结合起来的时候,它们各自都得到繁荣并发展。专业学院通过利用大学其他部分的研究指导自己的实践,而研究则可通过在实践中的验证更加充实自己的成果"①。专业博士被认为越来越重要,因为它对知识经济越来越重要,它们的相关性更强,专业博士更能胜任发展和维持大学与工业之间的紧密合作。②高等教育领域的全球化给博士教育带来了广泛而深刻的影响。作为大学知识生产与研究能力的核心部分,博士教育同时被视为全球知识经济体系下科学研究和知识生产的首要来源。探究专业博士教育的本质与规律是本书的重点之一,只有把握其本质规律,才能走上科学发展之路。

第一节 世界博士教育的转向

一、博士教育目的的转向

全球博士生教育正处于一个明显的转型发展时期,哲学博士教育仍然是博士教育的主流。"英国设立哲学博士学位的促进因素部分地来自美国的创始,而美国的设立这个学位乃是德国发展的反应。"③"除了从事科学研究的承诺以外,博士学位专业还被看作扩充和提高一所大学在成长中的高等教育系统中的竞争地位

---

① 约翰·布鲁贝克. 高等教育哲学. 王承绪,等译. 杭州:浙江教育出版社,1998:27.
② Fink D. The professional doctorate: Its relativity to the PhD and relevance for the knowledge economy. International Journal of Doctoral Studies,2006(1):35-44.
③ 伯顿·克拉克. 研究生教育的科学研究基础. 王承绪译. 杭州:浙江教育出版社,2001:94.

的一个具有吸引力的特征。"①在社会背景不断变化的情况下，博士教育的目标定位也会不断调整。

随着时代的发展，博士教育理念需要不断被审视。博士学位不应仅被视为从事学术职业的"敲门砖"，它已经成为一种证明，证明博士学位获得者具备创新能力、批判性思维、自主科研的能力以及承担知识风险的责任感，并且有能力不断推动知识进步和创新。随着博士就业结构多样化的发展趋势，团队意识、合作能力等非专业技能方面的能力也应在培养过程中得到重视，以在提高博士生专业素质的同时，提高其人际交往等方面的社会化程度。加强大学与用人单位间的联系，能够为博士毕业生就业提供多样化选择，为其提供严谨的研究环境和符合社会发展要求的职业做准备。可见，博士教育的目的从学术本位转向重视能力培养与加强社会适应性，这回应了社会对博士生教育要求的变化。

美国哈佛大学教育博士及后来的教育领导博士项目招收有丰富学校教学或管理经验并寻求在学校系统内晋升的在职教师和管理人员。这些人毕业后发展势头良好，成为美国教育界的骨干或领军人物，增强了哈佛大学教育研究生院在地方学校系统中的影响力。教育博士既重视学术能力的培养，也重视职业胜任力和教育情怀的培养。正如哈佛大学教育研究生院原院长霍姆斯所言："要把教育博士学位授予那些把教育作为毕生工作的人。"②2009 年，哈佛大学启动了教育领导博士学位项目（Doctor of Education Leadership, Ed.L.D.），这是培训教育领导者的创新型专业博士学位项目，突出强调跨学科性和实践性。该项目由哈佛大学教育研究生院、肯尼迪政府学院和商学院的教师共同授课。"这种新学位项目将是一个'推动教育变革的催化剂'，其目标是哈佛大学教育研究生院培养能够实现教育体制成功变革的新型领导者，希望他们改变教育改革被动低效的局面。"③

在认识论的层面上，知识生产模式的改变被认为是推动科研模式和博士生教育模式变革的内在动力。英国社会学家吉本斯（Michael Gibbons）等提出的知识生产模式理论，认为知识生产模式的转型是推动科研模式和教育模式变革的内在动力，传统的基于学科变革的知识生产模式 1 日渐弱化，而基于应用的知识生产

---

① 伯顿·克拉克. 研究生教育的科学研究基础. 王承绪译. 杭州：浙江教育出版社，2001：263.
② HGSE. Ed magazine. 2020 winter: 12. https://www.gse.harvard.edu/sites/default/files/edmag/pdfs/2020-WIN.pdf.（2020-11-30）[2022-01-29].
③ Doctor of Education Leadership. https://www.gse.harvard.edu/doctorate/doctor-education-leadership.[2022-01-29].

模式 2 正在兴起，传统的学科界限变得模糊，不同专业领域之间的平等被打破，学科的权威越来越让渡于实用性与社会责任，知识生产者的身份变得模糊多变，而利益相关者增多了。知识生产模式 2 要求改革大学的办学模式，实现从传统学科知识的生产者向复杂问题的解决者与知识的创造者转变。阿特巴赫（Philip Altbach）指出，博士学位的传统目的（为研究进行训练）和博士学位的实际用途日渐分离。在博士就业市场越来越多样化的背景下，如果大学仍然是按传统的"学术型"模式在培养博士生，就会导致博士学位研究生教育缺乏时代性。[①]

美国著名社会学家帕森斯（Talcott Parsons）等提出现代高等教育有"知识本身即目的"和"知识用于解决问题"两大价值取向。[②]布鲁贝克也提出认识论与政治论两个逻辑，这都为两类博士类型做了注解。人们攻读博士学位的目的日益多元化。"知识用户"的崛起是学生关注大学和工业界之间新关系的结果。为了使用的知识，而不是为了自身的知识，这种转变已经改变了后现代大学。[③]因此，在专业教育中技能的训练离不开专门的知识，离不开心智和判断力。知识密集型社会确实需要高度专门化的专家，但知识时代更需要受过广博教育的问题解决者，后者能够轻易地跨越专业的界限。[④]

我国随着高等教育实现大众化、普及化，博士毕业生也越来越多，其就业领域也发生了深刻变化。"贝伦松发现，在 1900 年约有 70%—80%的博士毕业生进入学术专业队伍，到了 20 世纪 20 年代末降为 70%—75%，30 年代则为 65%，1958 年时仅为 60%。"[⑤]学术研究岗位的相对饱和，预示了哲学博士的规模扩大必然减缓及博士毕业生的就业结构更加多样化。"1999 年只有 52%的博士毕业生进入高校，约 22%进入工业，11%进入中小学，9%进入政府部门，6%进入社会

[①] Altbach P G. Doctoral education: Present realities and future trends. In J. J. F. Forest, P. G. Altbach (eds.). International Handbook of Higher Education. Dordrecht: Springer, 2006: 65-81.

[②] Parsons T, Gerald P, Smelser N. The American University. Cambridge: Harvard University Press, 1973: 108.

[③] Delanty G. Challenging Knowledge: The University in the Knowledge Society. Buckingham: Society for Research into Higher Education and Open University Press, 2001: 108.

[④] 杜德斯达. 21 世纪的大学. 刘彤, 等译. 北京: 北京大学出版社, 2005: 87.

[⑤] Parsons T, Plattthe G, Smlser N. The American University.Cambridge, Massachusetts: Harvard University Press, 1973: 147. 据 20 世纪 90 年代初德国官方机构的估计, 大约有 2/3 的博士毕业生在高校之外的机构就业。在英国, 1992 年哲学博士毕业生大约有 45%是在工商企业和政府部门就业。培养在高校和研究机构之外从事各种实际工作的高级专业人才, 成为各国博士生教育的共同趋势。

公共组织。"①2001年，华盛顿大学对人文、自然和社会科学3个领域1989—1999年博士学位获得者的职业特征进行了分析，结果发现3个学科领域的博士学位获得者平均只有44%的人从事学术研究工作。②这种就业结构的多样化导致博士教育的人才输出规格与社会真正需求之间的错位日渐增大，进而引发人们（尤其是博士生和雇主）对博士生教育目的社会适切性的质疑。人们对市场优先于学术的选择制约着对专业和学位类型的选择，使得实用理性的观念成为主导。世界各地的高校开始积极设置多种形式的博士学位，以满足社会对各类高级专门人才的需求。相较于我国对创新型、复合型、应用型人才的需求，专业学位研究生教育的发展还有很大差距。据估计，到2050年新一代信息技术产业的人才缺口将增加到950万③，亟须快速发展。

二、博士学位结构的转向

18世纪末研究型博士兴起以来，博士生教育一直被视为"知识创造"的过程，学术成果导向的质量观一直占据着支配性的地位，博士论文几乎成为评价博士生教育质量的唯一标准，相对忽视培养过程。1996年，豪斯（Jennifer Haworth）认为21世纪初博士生教育将存在四个趋势：博士学位获得者人群特征的多样化、博士学位授权机构和博士项目的膨胀、博士生学习更加专业化、获得学位时间延长。④如此，专业博士学位的发展空间将会更大，因为它更顺应了这四个趋势。"博士生教育改革的核心是专业博士学位的增长。被认为是对传统Ph.D.的另一种选择，能够更好地培养博士生参与非学术职业。人力资本理论、高等教育的冲突与竞争、文凭主义和高等教育的公司化共同作用而提供了更多专业博士学位的机会。"⑤

---

① Thurgood L，Golladay M，Hill S. U.S. Doctorates in the 20th Century. Arlington VA：National Science Foundation，Division of Science Resources Statistic，2006：3.

② Smallwood S. The path to a Ph.D. and Beyond：How a group of historians has fared，10 years after graduation. The Faculty，2003（1）：10.

③ 王传毅. 专业学位研究生教育迈向新征程. 中国教育报，2020-10-19（004）.

④ Haworth J. Doctoral programs in American higher education. In J. Smart（ed.），Higher Education：Handbook of Theory and Research. New York：Agathon Press，1996：375-440.

⑤ Servage L. Alternative and professional doctoral programs：What is driving the demand? Studies in Higher Education，2009（7）：765-779.

社会劳动力市场对高级专业人才不断扩大的需求也促使学位类型日益偏向专业型学位。博士生教育的多样化提升了专业博士学位的地位。在价值取向方面，也从纯学术兴趣取向转向职业结果利益导向，从单一学科研究转向跨学科或多学科研究。近20年，世界范围内博士生教育的改革主要表现在以下两个方面：增设新的学位类型（主要是专业型学位），以满足社会经济发展的需要；推动跨学科博士生培养模式，在欧洲，其主要手段是建立跨学科性质的研究生院，以消除博士生教育过于狭隘的负面影响。更高比例的在职人员参加博士生教育使博士生源更加多元化，因此，培养目标与规格要求也要多元化，从而带来博士学位类型与博士学位研究生教育模式的多样化。

有学者认为专业博士学位的发展代表了模式1转向模式2知识生产。两种知识模式可以共存，两种博士类型也可以共存，但同一类型的博士学位内不宜存在两种知识生产模式。[1]研究者和实践者的角色完全不同，通过一种学位培养两种不同类型人才的合理性被置疑。

在一定意义上，专业博士学位的勃兴源于人们对哲学博士的不满，但现在专业博士学位的发展已经带动整个博士生教育的发展和转向。专业博士学位不是哲学博士的"缩水"学位，而是另一种学位，二者既有共同元素，也有严格不同，以不同的形式发展专业和为知识生产做贡献。专业博士为教育实践者提供生产和转化知识的机会，因为专业教育人员希望发展作为研究者所需的知识、技能和经验。研究也是专业博士的重要方面，强调通过研究对专业实践的知识做出重大贡献的能力。专业博士项目包括大量教学元素，目的是培养专业教育工作者实施群组学习，发展知识、技术和经验，而不是成为专业型研究者。专业博士灵活地联结理论与实践，这种联结既以研究为基础，又被研究驱动，支撑了专业博士生专业实践的提升，保证了学习者专业实践的改善。以这些方式概念化的专业博士可能回答了菲茨杰拉德（Tanya Fitzgerald）和甘特（Helen Gunter）提出的问题，即"实践者和研究者如何能作为知识工人、知识生产者和变革的代理人"[2]。专业博士是有特色的，是因为它承认实践知识，有能力为实践者提供学习机会，以

---

[1] Guthrie J. The case for a modern Doctor of Education Degree（Ed.D.）: Multipurpose education doctorates no longer appropriate. Peabody Journal of Education, 2009（1）: 3-8.

[2] Taysum A. The distinctiveness of the EdD within the university tradition. Journal of Educational Administration and History, 2006（3）: 323-334.

使其获得专业和个人重建的机会。这是通过呈现给专业博士研究工具（如批判性分析和反思），产生达到对符号系统和话语权力的新的洞察力，进而使博士生成为知识工人和知识生产者，进而改变工作。斯科特等指出，"这种希望的整个目的是产生研究的技能型消费者、评价者、执行者和生产者"[①]。

三、打造专业博士的特色模式

从专业博士三个代际各具特色的培养模式生成与发展的动因可以看出，专业博士培养模式不可能一成不变，必须在遵循专业博士学位自身特性的基础上不断创新与变革，才能获得持久的生命力。专业博士项目应随外部环境的变化做出变革与调整，使人才培养模式与知识生产模式有高度的契合度。在知识生产模式 2 的大背景下，跨学科专业博士教育人才培养模式应该被提上议程。知识的市场价值是专业博士教育知识生产的逻辑起点，知识生产模式嬗变推动了学术逻辑改变，使市场逻辑和学术逻辑的二元对立局面得以消解，更新后的学术逻辑与市场逻辑可以相融合，新知识生产模式引发的市场逻辑为专业博士教育人才培养模式的创新提供了动力（图 4-1）。

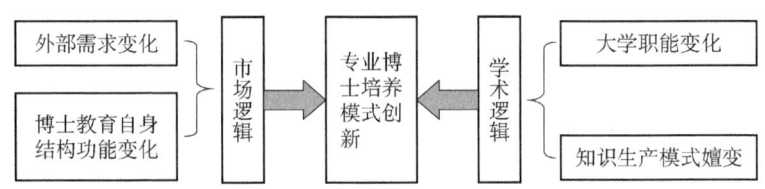

图 4-1 专业博士培养模式创新的逻辑基础示意图

专业博士能够从传统的哲学博士学位中分离出来独立门户，就是因为它有自己的特殊价值。如果学者与实践者是两个极端的话，专业博士恰好是二者中间的结合交集（表 4-1）。"实践-学者"肯定不是实践与学者的简单交互，必然有其内在的关联，其借助理论与实践的结合来改进实践，提升专业水平。其知识生产是为了实践并从属于实践的，实践导向是其鲜明特点。但实践-学者与单纯的实践者的区别在于，前者用学术的视角来解决实践中的问题。

---

① Scott D，Brown A，Lunt I. Professional Doctorates Integrating Professional and Academic Knowledge. Berkshire：Open University Press，2004：32.

表 4-1 不同培养目标的项目设计比较

功能	学者	实践-学者	实践者
目的	开发和传播知识	改进实践，借鉴理论和经验	改进实践，借鉴实地经验
研究重点	现象	实践的问题	实践
推理	从知识基础推理	从一般或特殊的背景中推理	从特殊的背景中推理
假设	知识本身对实践有价值	知识为了实践，从属于实践	实践中的知识
起点	中立的问题调查	问题一般路径的探索和识别	成功干预的应用
成果	发现知识，建构理论	基于理论的一般或地方实践的改善	满足地方需要的实践介入
参与群体	专业或学科	大学、企业、社会群体	私人组织群体的实践者
就业去向	顶尖大学的教授	领域组织或专业组织的领导	实践领域的领导或成功者

资料来源：Barnett B，Muth R. Using action-research strategies and cohort structures to ensure research competence for practitioner-scholar leaders. Journal of Research on Leadership Education，2008（3）：1-42.

1. 设置结构化的课程体系

美、澳、英三国教育博士项目大都实行模块化课程设置，一般分为核心课程模块、前沿专题模块、实践问题研讨模块、研究方法模块、学科专业模块、选修课程模块等等（表 4-2）。这些课程模块突出了教育及相关基本理论与现代社会理念的学习，多种研究方法的掌握以及对实际问题的深入研讨。在课程学习过程中，更多的是采取小组集体学习与专题研讨的方式。

表 4-2 美、澳、英三国六所大学的教育博士项目的课程设置

大学	总学分	论文学分	课程学分	课程模块
印第安纳大学（美）	90	15	75	专业核心课程 36 学分，研究方法课程 15 学分，辅修教师教育课程 12 学分，选修课程 9—18 学分
匹兹堡大学（美）	90	18	72	专业课程 24—36 学分，研究方法课程 15—18 学分，选修课程 12—24 学分，实习 12 学分，博士研讨 9 学分
布里斯托大学（英）	540	290	250	课程学分中包括可从硕士课程中转过来 90 学分。剩下的 160 学分中，至少有 60 学分的研究方法以及资料搜集与分析课程和 100 学分的选修课程（每小时的教学按 1 个学分计算）
纽卡斯尔大学（英）	540	340	200	课程学分中有 40 学分是研究方法必修课，160 学分是与专业相关的选修课程模块（包括学科专业课程）
墨尔本大学（澳）	300	100 或 200	200 或 100	教育博士项目分为课程型和研究型两种。在课程型教育博士项目中，课程学分要求为 200 学分，其中研究方法 25 学分，5 门核心课程 125 学分，专业研究项目开题报告 12.5 学分，专业研究项目 37.5 学分；2.5 万—3.0 万字的博士论文 100 学分。在研究型教育博士项目中，课程学分要求为 100 学分，其中研究方法 25 学分，3 门核心课程 75 学分；5.5 万字的博士论文 200 学分（每个教学时间单位按 1 个学分计算）

续表

大学	总学分	论文学分	课程学分	课程模块
新英格兰大学（澳）	144	96	48	18 学分的研究方法课程，24 学分的专业文化与实践，6 学分的开题报告。论文或档案袋 96 学分（每个教学时间单位按 1 个学分计算）

资料来源：根据美国、澳大利亚和英国各大学教育博士项目的相关资料整理。

教育博士培养过程中均重视专业课程的学习，为博士生奠定后续自主学习研究的基础。例如，哈佛大学在第一学年便安排教育领导博士学位项目的博士生学习核心课程，主要围绕学习和教学、领导和组织、政治和政策、个人修养领域。"重视培养教育博士在教与学、领导能力等方面的专业核心素养，且强调课程学习的深度，其将专业核心课程细化，有利于博士生对知识的吸收。伦敦大学教育博士在专业课程设置中完成包括教育领域的专业基础课、研究方法、研究方法2 三门专业必修课和专业研究方向课程1门选修课程，目的是提高博士生的专业素养和研究能力。"[1]弗吉尼亚大学教育学院教育博士项目的专业核心课程普遍为20—25 学分，选修课程一般为12—15 学分，多样性强、规范性高；研究方法课程一般为18—24 学分，且定性与定量方法课程皆有开设、教育学与社会学方法课程都会提供。在前两学年，博士生作为研究学徒须参与每周10—20 小时的研究与学习。

2. 丰富实践和学位论文形式

专业博士教育对实践方面的要求越来越多，而且其质量标准也不断提高。2009 年，哈佛大学在原来教育博士的基础上创造性设置了教育领导博士项目，要求教育博士生在第三学年进入合作教育机构进行为期 10 个月的实习，并要求实施教育实验和组织变革，即在合作组织机构中做出变革性实验。

随着博士生群体的多样化趋势增强，学位论文的形式也日益多样化，有四种最常见的研究成果形式：比哲学博士学位所要求的研究项目规模小的研究项目，但评价标准必须相同；完成多个研究项目；允许采取组合方式，即可提交一系列证明，而不是单独一篇学位论文；已经发表的研究成果。[2]

---

[1] 郑雅倩. 世界一流大学教育博士专业学位研究生培养模式研究——以哈佛大学和伦敦大学为例. 煤炭高等教育，2019（5）：36-42.

[2] Bourner T，Bowden R，Laing S. Professional Doctorates in England. Studies in Higher Education，2001（1）：65-83.

第二节 典 型 案 例

一、美国宾夕法尼亚大学教育领导博士

2008 年，宾夕法尼亚大学教育研究生院设立了教育领导博士学位，从培养目标、课程设置、评价方式等方面为教育领导博士量身定做了一套完整的培养体系。该校教育博士设有 7 个专业："教育领导博士、职业生涯中期教育领导博士、资深高等教育管理博士、高等教育学、教与学及教师教育、教育语言学、首席教学行政。"①这些专业可以满足教育领域多方面的需求。

（一）培养目标定位明确，培养杰出教育领导者

宾夕法尼亚大学教育领导博士的培养目标较高，为美国社会输送杰出的教育领导者，要求博士生在三年期间"从人类学、历史学、社会学的角度对美国教育背景和发展趋势有深入的理解，重点培养博士生教学、组织、公众领导能力，发展博士生对教育问题进行鉴定、理解以及评价所必需的定性及定量分析能力"②。

教育领导博士的申请者需要获得硕士学位并拥有多年的丰富的教育实践经验，并且在教育领域中层管理岗位及以上。实际招生博士生的层次比要求的更高，多位著名大学的副校长成为宾夕法尼亚大学的博士生，平均年龄为 45 岁，这些有着丰富高等教育管理专长的博士生来源广泛，来自美国 24 个州。

宾夕法尼亚大学于 2008 年专门成立了"教育领导研究中心"，该中心与教育研究生院合作，加强培养教育博士生的教学、组织以及公众领导方面的能力。教育领导研究中心为博士生准备了与教育领导能力相关的丰富的研究训练和实践项目，以培养并使其具备应对和解决复杂教育问题的能力。③

---

① Program Finder. https://www.gse.upenn.edu/academics/program-finder. [2022-01-29].
② Peen Center for Educational Leadership. https://www.gse.upenn.edu/pcel/about. [2022-01-29].
③ 刘琼，耿有权. 宾夕法尼亚大学"教育领导"专业博士的培养及启示. 现代教育科学，2013（5）：84-88.

(二)区别于传统哲学博士学位,突出实践取向

不断优化的教育领导博士是一个全新的专业博士学位项目,在培养模式方面与教育学博士学位是两种属性区分显著的博士学位,实践性与应用性的价值取向得到巩固和凸显。教育领导博士与教育学博士在培养模式方面区分明显,入学招生、培养目标、课程设置、教学方式、评价方式等诸多方面都有显著不同。教育领导博士学制为3年,在职学习或全日制学习都可以。博士生前两年修读课程,参加学术讲座、研讨会等学术活动,第三年与同学或老师合作进行和自己本来所从事专业直接相关的实习实践活动,开展真正意义上的教育变革与实践创新。

(三)重视课程内容以及教学方法的改革与创新

教育领导博士项目非常重视课程设置及课程内容的更新。教育领导博士培养模式的创新大多以课程体系创新为手段,通过拓展和整合研究方法等多种方式实现培养目标,满足社会对教育领域开拓性创新人才的需求。教育领导博士生既基于自身的研究兴趣点,又征求导师的意见建议,制定适合每位博士生的个性化培养方案。培养方案全面建立在对社会需求变化准确把握的基础之上,知识体系围绕学科理论知识、调查研究方法以及专业实践三大领域组织实施。学科理论知识类课程主要设有教育学基础、教学论、文化与社会、教育领导学;调查与研究方法类课程主要设有教育研究统计学、定性调查研究、定量调查研究;专业实践活动主要设有系列专业博士生研讨会、学术讲座及学徒制课程等。[①]

创新之后的教育领导博士项目把课程体系设计成具有高度连贯性的31个模块,每个模块由数量不等的教师开设专题讲座,每个模块都追求独自的价值效果。每个模块又再细分为三个部分:核心概念的研究、实践案例的讨论、小组合作或独立完成的书面作业。

教育研究生院和"教育领导研究中心"还结合教育领导博士的实际需要和专业发展需求,组织了大量学术活动。其中,针对性非常强的实践课程是"研究学徒制课程"(Research Apprenticeship Course,RAC),其目的是帮助教育博士生开展原创性的学术研究。课程内容建立在博士生个人兴趣的基础之上,博士生还

[①] 刘琼,耿有权. 宾夕法尼亚大学"教育领导"专业博士的培养及启示. 现代教育科学,2013(5):84-88.

通过参加学院规定的学术活动,与不同研究方向的博士生或导师合作,博士生与导师共同进行研究。教育博士生第一年就参加研究学徒制课程的学习。博士生根据自己的研究兴趣和专业发展取向自主选择个性化的研究课题,师生密切协作沟通。研究学徒制课程将学科理论知识与应用性的实践操作紧密结合起来,教育领导博士生将学到的理论知识、实践技能应用到自己的专业实践。

教育博士生通过系统化、专业化的课程学习和专业实践,获取发现和解决教育实际问题、搜集相关数据进行分析、实践反思和评估策略,以及发展教育教学管理能力和创新能力。课程设置非常强调学科基础知识、实践知识、跨学科知识、反思性专业知识的贯通融合。通过模块化课程,教育领导博士生学习所需的教育管理能力和研究能力,如战略规划研制等。学院开设多种模块课程,并根据专题讲座给教育领导博士生布置相应的课前课后阅读任务。

在第二学年,学院为教育领导博士生提供实习和研究机会,以及复杂的真实的教学或管理情境,锻炼其对实际问题的分析判断解决能力,发展其实践知识。循证课程也发展了教育领导博士生的实证研究水平和数据分析技能,切合了教育领导博士的培养目标,培养教育领导博士生改变以往凭经验制定教育决策的随意行为,通过科学有效的数据分析做出教育决策。

(四)多元评价方式与评价主体,保证培养质量

为了区别于教育学博士的培养模式,教育领导博士创新评价方式,要求学生在毕业之前必须依次通过以下五项考核才能获得博士学位,分别是年度自我评价、资格考核、学位获得资格考核、初级审核、学位论文答辩。①年度自我评价是所有考核项目的基础前提,教育领导博士生入学之后每学年都要完成专业年度自我评价。教育研究生院会为博士生专门组织相关的研讨会,在研讨会上,博士生分别汇报自己一年的学习情况和研究进展,由会议成员投票决定通过与否。会议成员不仅包括教育领导博士生自己的导师,还包括其他任课教师以及校外专家学者。②所有教育领导博士生都必须参加学位获得资格考核,只有通过资格考核的人方能进入下一阶段的学习和考核。资格考核一般在第1年学期末,考核的内容是必须修完的课程及参加的学术活动,其中包括教育基础理论、教学论基础、

教育文化与社会、研究学徒制课程、研究方法类课程、学术研讨会。①③教育领导博士生在修完规定的所有课程后，于毕业论文写作前参加初级审核，通过后才有资格申请专业博士学位，进入博士论文撰写的阶段。初级审核主要考查教育领导博士生的科研成果完成情况，同时对教育领导博士生的实践能力进行衡量，对这两项考核内容的考查重点不同，保证了教育领导博士项目的人才培养质量，为培养优秀教育领导者奠定了基础。教育领导博士生必须通过层层考核后才能毕业，这些考核项目彼此衔接、相互贯通。④最后一项考核是学位论文答辩。教育领导博士生的学位论文不仅由导师指导，还有3人组成的"论文委员会"进行指导，并指定一位负责人，要求教师对教育领导博士生进行持续指导并保持密切联系。②

宾夕法尼亚大学的教育博士各专业虽侧重点不同，但教育博士生都可自由选题，论文的整个研究过程都融入日常的课堂教学中。博士论文选题和内容都来源于博士生在工作实践参与获取的数据和资料，以确保研究选题来源于实践一线并为实践变革服务的特色，发展教育博士的研究水平。

（五）以多元化的师资队伍为支撑

宾夕法尼亚大学的教师队伍还有不少来自其他专业学院的，拥有政治、经济、社会、历史、法律等多学科背景的优秀学者和资深管理者，还有一些来自一线教育领域的专业实践者。他们通过向教育博士生展现教育实践中真实案例来丰富专业知识，积累实践素材。比如，"教育法类的课程就聘请当地富有经验的律师来讲授，财政类课程由州高等教育委员会的执行理事来讲授，他们从自己的专业实践经历讲述州级财政监管、预算和战略规划等"③。这些实践经验丰富的兼职教师展示了如何把理论与实践结合应用的真实案例，大大增强了课程的实用性，提高了教育博士生的问题分析能力和创新意识。

---

① 刘琼，耿有权. 宾夕法尼亚大学"教育领导"专业博士的培养及启示. 现代教育科学，2013（5）：84-88.
② 刘琼，耿有权. 宾夕法尼亚大学"教育领导"专业博士的培养及启示. 现代教育科学，2013（5）：84-88.
③ 张秀峰，高益民. 美国教育博士培养"学术化"问题的改革和探索——以范德堡大学教育学院为例. 比较教育研究，2014（3）：18-24.

二、伦敦大学教育博士项目

伦敦大学教育研究院（本部分简称"学院"）于 1902 年建院，设置有本科、硕士及博士三个学位层次。教育博士项目于 1996 年设立。

（一）招生对象来源多样，有研究预期

学院的教育博士项目主要招收现任大中小学教师、校长等各级管理人员，政府机构和非政府机构的教育行政管理人员。候选人需要对教育理论有比较强烈的愿望，并且希望通过学习提高专业水平和实践研究的能力；此外要求具备硕士学位，并在教育及相关领域有 4 年以上的工作经验。在硕士学习期间的理论课成绩达到优良；还需根据自己的研究兴趣和专长，提交一份 2000 字左右的研究计划书，描述入学后拟开展的研究方向、研究路径，以及攻读教育博士学位的目的、预期收益等。

（二）培养目标理论与实践兼顾

学院教育博士项目主要是为那些来自教育和相关行业渴望提高其专业知识和实践技能，培养研究、评价和高层次实践反思能力的教育实践者设计的博士学位。[①]该项目希望教育博士生通过学习能够掌握更深层次更广领域的教育理论内容，并将之应用于教育实践和教育变革之中，即一方面，发展教育博士生的专业概念知识和研究能力；另一方面，对教育实践和专业发展产生影响，还满足作为博士学位在学术独创性等方面的质量要求。

（三）培养方案详细，高度结构化

学院的教育博士培养过程主要由三部分构成：课程学习、聚焦于某个机构的案例研究（institution-focused study, IFS）、导师指导下的学位论文写作。学院坚持在教育博士项目过程中，扩展博士生的教育理论、研究方法知识，以及应用现代理论和研究方法创造性解决实践问题的能力。

---

① 马爱民. 国际比较视野下的教育博士发展研究. 华东师范大学博士学位论文, 2013.

1. 课程学习

这个环节的目的是让博士生、导师和其他同学共同学习，丰富教育博士生的理论知识，提高其对研究方法的认识和应用能力。一般来说，教育博士生要在前4个学期完成4门课程。

课程学习主要分为两个阶段：一是理解阶段，旨在让教育博士生获得更深层次的理解能力，培养教育博士生的专业洞察力和研究能力。在这个阶段教育博士生可以根据职业诉求与研究兴趣在6门选修课程中任选其一。二是研究阶段，主要是撰写研究报告。

1）教育领域的专业基础课程。主要包括两方面内容——"现代专业生活的重大事件和不同阶级立场的人对此的争论"[1]，主要涉及现代教育理论的思想基础，教育在当前社会经济发展的作用；基于教育理论，开展实践反思，发现当前教育实践中的问题及相应解决办法。课程使博士生能够反思自身专业理念、改进专业实践。

2）研究方法1：教育研究中的理论与概念。主要包括教育研究中涉及的各类理论成果、研究思路与方法。课程旨在将教育研究放置在更为宽广的政治和社会生活背景中，引导博士生在设计与开展教育研究时能充分考虑到理论、方法和伦理等问题，并对存在的问题和解决路径有更清晰、更合理的理解。[2]课程实施的目标包括：讨论不同研究路径与评价方式的思路和目的；能够从哲学、社会学等多学科维度对教育知识进行再思考，包括知识阐释的模式、理论验证及检验、概率的性质等；研究"数据"（data）在教育研究中的多重含义和价值，深入理解研究和实践之间的关系；探讨研究成果传播的方式与伦理问题。

3）研究方法2：研究过程与技能。课程主要促进对博士生已经学到的研究方法进行实践应用，进而提高其应用教育理论、解决实践问题的能力，同时帮助博士生建立研究报告的写作框架和质量标准。课程旨在为博士生提供研究过程中所需要的数据收集和分析的各种研究方法的系统训练，从而使博士生能够准确选

---

[1] Scott D, Brown A, Lunt I, et al. Professional Doctorates: Integrating Professional and Academic Knowledge. Berkshire: Open University Press, 2004: 32.

[2] 饶从满. 英国教育博士研究生的培养及其特征——以伦敦大学教育研究院和格拉斯哥大学为中心. 外国教育研究, 2010（11）: 16-22.

择并科学研究问题。通过该课程，博士生能够认识到研究方法的多样性，并学习如何正确运用研究方法；提高博士生形成研究问题并使用恰当研究方法的能力；引导和培养博士生一起创造性地解决研究问题的能力；使博士生具备多元信息收集、深入分析能力及课题管理能力；培养博士生撰写研究报告的能力。①

4）专业研究方向。每个专业都有不同的课程设计，尤其是特定领域的专业实践课程和专业选修课更是不同。学院一般提供 4 门选修课，由博士生根据自身兴趣选修 1 门。对于所有课程的学习，授课教师都要进行评价，主要基于博士生提交的书面作业，每篇 5000 字左右。授课教师分别提出反馈意见，博士生根据老师的意见进行修改后再次提交，最终由 2 位学院审查者对作业进行终结性评价。课程全部结束后，博士生还要提交 1 篇系统的反思报告。由上述 3 门课程学习的作业和 1 篇反思报告组成 1 个档案袋，作为第二学年博士生学习进展评估的基础材料。②

2. 关注机构变革的案例研究

在案例研究环节阶段，每名博士生根据自己的专业特点和研究兴趣，深入某家教育机构，在导师指导下完成一项案例研究，研究主题和研究方法由导师和教育机构的主管部门共同决定。最后的研究报告要基于这家教育机构的教育实践案例，充分展现案例研究对专业理解和专业发展的促进作用。这就要求博士生将在上一个阶段课程中所学的专业知识、研究方法运用到案例研究中解决现实问题，提升对研究方法的认识和应用的能力。案例研究报告的字数要求在 2 万字左右，在第三学年末提交。伦敦大学教育研究院组织审查小组对案例研究报告进行评价，并提交教育博士审查委员会进行确认。③

3. 学位论文水到渠成

博士生在完成案例研究环节之后，开始学位论文写作。学位论文选题通常是来自案例研究和课程教学后开展的研究，博士生通过与导师研讨、参与学位专题研讨班（thesis workshop）获得研究支持。学位论文一般在 4.5 万字左右，通常

---

① 饶从满. 英国教育博士研究生的培养及其特征——以伦敦大学教育研究院和格拉斯哥大学为中心. 外国教育研究, 2010（11）：16-22.
② 马爱民. 国际比较视野下的教育博士发展研究. 华东师范大学博士学位论文, 2013.
③ 李小丽. 英国专业博士学位教育发展研究. 河北大学博士学位论文, 2020.

在第五学期完成。要求学位论文对研究领域的专业知识生产做出贡献，论文具有一定的原创性，能够展示专业博士生独立开展教育研究的能力。论文主题要与教育博士生所选的专业方向高度一致，要求基于案例研究所在教育机构的教育实践。博士生大多直接继续案例研究的研究或者以在课程教学阶段中已经开展的专业实践研究为主题。事实上，伦敦大学教育博士学位论文与教育学博士论文的标准几乎一致，最重要的差别就是研究来自实践，且为实践变革服务。

此外，学院还要求教育博士生提交一份2000字左右的总结报告，以考查他们是否对教育博士项目各个环节的学习内容和考核要求有总体性的理解和把握。完成博士学位论文和总结报告并得到合格评价后，教育博士生将参加博士学位论文答辩，答辩通过后便可获得教育博士专业学位。

（四）培养方式结构化强

学院的教育博士培养方式是导师指导与集体指导有机结合的方式。教育博士生刚入学，学院就会为每位教育博士生量身配备一位与其申请专业领域相关的导师，负责该博士生的整个学习过程，而且在该博士生的每个学习阶段中，都有一个由多名教师组成的管理团队来帮助其进行学习和研究。

教育博士生入学后，针对每门课程的学习，学院都会安排一支课程团队来进行课程讲授和学业指导。在课程学习过程中，学院会在每学期组织教育博士生集中学习研讨3次。教育博士生导师在教育博士生的课程学习过程中会通过在线视频、邮件、电话等多种形式对教育博士生加以指导，并对教育博士生的课程学习效果进行审核评价。在教育博士生的课程学习过程中，导师通过对每位教育博士生的观察、了解，帮助其建立专业方向和研究方向，并引导其向着实践研究的方向发展。

进入案例研究阶段，学院规定导师每个学期都要与教育博士生面对面指导最少3次。学院的教学指导队伍中，除了教育博士生的导师还有强大的教师团队来指导和支持教育博士生的学习和研究。在教育博士生进入案例研究的阶段后，学院会为博士生举办两次研讨会，要求教育博士生积极参与，通过研讨帮助其建立自己的研究框架，并加强对在课程学习中所学研究方法的应用和综合实践能力。

（五）质量保障体系健全

学院对于教育博士学位的质量严格保障，其中有两点值得我们学习。

1. 特别重视过程监督

为了加强对教育博士生培养质量的过程监督，学院制定了一系列措施。

首先是年度进展情况审核，每学年末，教育博士生与导师需要共同对这一学年的学习研究情况进行总结汇报。教育博士项目的质量监督团队通过对总结报告的解读，掌握每位教育博士生学习的进展状态，分析其是否达到了规定标准。学院还根据教育博士生的年度报告，了解每位教育博士生存在的不足和困难，并提出改进和补救的措施。

其次是进入案例研究阶段前的审核。教育博士生完成课程学习后，要进入案例研究就必须经过审核。审核内容主要有两个方面：一是所学课程已经通过考核要求，一篇课程陈述报告达到审核要求；二是案例研究的研究计划得到教育博士项目团队的认可。

2. 重视各培养环节的整合性

教育博士生完成每门课程学习后，都要提交一份 2000 字左右的反思性报告，对课程学习带给的改变及对课程的想法加以论述成文，提交给课程教学小组。反思性报告的内容主要有课程学习过程中自己的认识与见解、课程作业写作过程中的思路与方法、课程教学对自己教育理念和方法的影响、课程学习同自己的专业发展的联系等。

教育博士生在完成教育博士学位论文后，还需要提交一份 2000 字左右的陈述报告。陈述报告的内容主要是教育博士生在整个学习过程中所获得的知识和能力，教育博士学习对自己专业发展的影响等。

（六）学院教育博士培养特色突出

1. 重视教育研究的训练

教育研究既是促进教育改革的重要动力，又是发展教育科学理论的基础。学院教育博士项目高度重视教育博士生通过教育研究，发展和完善自己的专业能力并改进实践，使教育博士生成为"研究型专业人员"。学院在研究方面对教育博士有明确而详细的要求。在课程上，学院教育博士项目主要开设了教育研究理论和实践技能两类课程。通过研究方法的充分训练，教育博士生提高了自身的学术视野和科研能力。在教授多种研究方法的同时，项目更注重对教育博士生进行教育研究的训练。

2. 注重结果与过程的相互结合

注重教育结果就是高度注重教育博士学位论文的完成质量。长期以来，英国都将博士学位论文的完成与答辩情况作为是否授予博士学位的唯一标准，在博士学位论文的形式、内容、学术性等方面都有严格的规定，要求博士学位论文既要有一定的教育理论作为写作的基础，又要一定的学术独创性，且能够为教育实践领域做出贡献。目前，英国有相当数量的教育博士生最终没有被授予教育博士学位，还有很多教育博士毕业生仍然缺乏运用教育研究方法解决实践问题的能力。

注重过程就是注重培养教育博士生的学习与研究能力，使其积累相关经验。由于很多教育博士生最终未能获得博士学位，学校更加关注教育博士培养过程中在每个阶段的学习情况，以实现"培养自治的学者"这一目标。学院教育博士项目既注重培养博士生科研能力，又注重抓好博士学位论文的质量水平。教育博士生在入学前就要提交一份研究报告；在课程学习结束后，博士生提交 3 篇课程作业和 1 篇反思报告，案例研究之后要提交 1 份案例研究报告，博士学位论文完成后要提交 1 份总结性报告。这些培养环节环环相扣、螺旋递进，培养过程与培养结果相互支撑、紧密结合，使教育博士生持续获得能力提升，从而实现专业发展和学业进步。

（七）学院教育博士培养存在的问题

与美国相比，伦敦大学教育研究院教育博士培养方式与教育学博士也存在一定程度的趋同。学院在培养方式上极其重视教师对博士生的指导作用。博士生入学后，学院根据博士生的研究方向为其安排导师，旨在帮助博士生完成博士学习。这些导师大多来自教育学博士教育的教师队伍，而专职的教育博士导师数量极少，难免在教学中衍生一些问题。多数导师由于一直从事教育领域哲学博士的培养，其观念上更注重学术性，且习惯以教育学博士的培养方式从事教育博士的教育，最终导致两种博士的培养趋于相同。

教育博士的学位论文的写作范式和论文标准过于学术化。教育博士是具有专业性质的博士学位，因而学院应更重视学位论文的"专业独创性"，鼓励博士生通过学位论文来展示自己的实践研究成果，继而培养更多高层次实践性人才。

三、斯坦福大学计算与数学工程博士跨学科培养模式

斯坦福大学计算与数学工程博士学位项目（Computational & Mathematical Engineering Program，CMEP）对学生进行数学建模、科学计算及高级计算算法方面的培训。该项目为解决现实世界的问题和数字计算难题提供坚实的理论基础，以促进数学技术和理论的应用。具有不同学科背景和专长的师生活跃在空气动力学和空间应用、流体动力学、蛋白质折叠、数据科学、海洋动力学、气候建模、水库工程、计算机图形学、金融数学等跨学科研究领域。

（一）培养目标：创新型研究人才

跨学科观点所产生的知识交叉压力使一个人的思维从他自己的专业群体的限制性假设中解放出来，并激发新的视野。通过课程学习和跨学科研究，计算与数学工程博士学位项目为学生在计算和数学工程及相关领域做出原创性贡献做准备。该学位授予表现出实质性学术研究和独立研究能力的博士候选人。学生在掌握中心学科的概念和原则后，运用多学科方法解决问题或产生新的跨学科知识。跨学科合作研究能敏锐地发现并探索存在于学科间的科学问题、为前沿知识的发展提供新的土壤，因而其将比单一学科研究带来更多的创新科研成果。学生在数学、计算机、工程和应用科学的交叉领域内立足于前沿性、开拓性、创新性的问题进行合作研究。因此，该项目注重多学科性、创新性的培养目标。

（二）组织形式：独立建制式

2022年，斯坦福大学开设了10个跨学科博士学位项目，这些教育项目跨越

了传统的学科界限，整合了多学科教育资源。就其组织形式而言，30%的项目采取独立建制式。追根溯源，国家实验室是美国研究型大学中最早的跨学科研究机构，引领和推动了跨学科研究的后续发展。二战时期，联邦政府设立了专门从事跨学科研究的国家实验室，以满足战时需要，并将其交由研究型大学托管。二战后，联邦政府继续推出的一系列资助计划使跨学科研究机构逐渐成为大学的一种制度建制，跨学科研究得以稳步发展。当前，跨学科研究机构在其科学研究的基础上开展了更丰富、完善的跨学科研究生教育项目。

独立建制式是指跨学科研究生教育项目依托相对独立的、与院系平行的跨学科研究机构开展，这种组织形式可以有效规避传统院系的组织藩篱，促进相关学科更深层次的融合。CMEP依托的计算与数学工程研究所（Institute for Computational & Mathematical Engineering，ICME）成立于2004年，研究领域为数学、计算机、工程和应用科学的交叉点。该研究所具有学位授予权，凭借其开展跨学科研究的优势，增设了计算与数学工程博士学位项目。独立建制式机构拥有自己专属的师资队伍、独立的跨学科项目管理权，从而保障跨学科课程的高效、顺利开展。实体化、制度化发展的跨学科研究中心作为培养跨学科人才的载体，可以实现"科学研究、人才培养、知识创新"的联动式发展。"传统学术边界与'官僚机构'的特点类似，即发展狭隘的、受'地盘'保护的结构以维持和延续组织单位的运作。"[①]独立建制式巧妙地规避了这一机制壁垒，为不同学科间的交流碰撞、平等对话、融合发展提供了开放的平台。

（三）课程设置：兼具深度与广度

CMEP的课程设置兼具深度与广度，为学生搭建专业领域的主干知识体系及跨学科领域的相关知识体系，其课程设置如表4-3所示。6门核心课程均是专业领域的必修课程，旨在保证项目的人才培养规格，使学生具备专业领域的基础知识与能力结构，强调深度学习。选修课为学生提供了许多接触不同学科领域的机会。专业深度选修课为学生提供了所选研究领域的广泛的知识基础及相关应用。学生可在25门课程中自主选择9学分的专业深度选修课，每门课程约3—4学

---

① Holley K. The challenge of an interdisciplinary curriculum: A cultural analysis of a doctoral-degree program in neuroscience. Higher Education, 2009（2）: 241-255.

分。可供选择的 25 门课程涉及的专业及其课程门数分别为 3 门计算与数学工程、1 门土木与环境工程、1 门计算机科学、1 门环境教育、7 门数学、6 门机械工程、1 门管理科学与工程、5 门统计学，其中专业领域课程与相关学科课程均有涉及。计算领域广度选修课是学生任选的计算领域的高级研究生课程，给予学生一定的自由来搭建自己的跨学科路径是计算与数学工程博士学位项目拓展学生跨学科广度的有效方法，这有助于学生开阔自己的跨学科视野及满足个性化差异的需求。设置跨学科课程最大的挑战是在满足广度的同时实现深度学习。该项目的跨院系课程约占 50%，必修课程与选修课程都在专业领域及相关领域进行有机组合，从而使整个课程体系权衡了深度与广度，拓展和延伸了跨学科研究生从事复杂议题所需的知识视域。学生从多学科的广度和数学的深度相结合的视角看待计算与数学工程问题，充分利用各学科资源的优势，系统全面地分析问题。

表 4-3　斯坦福大学计算与数学工程博士学位项目课程设置[①]

课程类型	学分	具体课程及要求
核心课程	18	数学线性代数；应用数学的偏微分方程；离散数学与算法；偏微分方程的数值解法；优化；工程学中的随机方法（各 3 学分）
编码课程	3	科学家和工程师的高级软件开发
研究轮转	6	在不同学科进行一段时间的深度研究
研讨会	3	第一学年系列研讨会（1 学分）必选
专业深度选修课程	9	25 门课程供学生选择
高级编码课程	3	任选 1 门
计算领域广度选修课程	9	任选计算领域的高级研究生课程

（四）科研训练：高标准与项目式

CMEP 的科研训练主要体现在系统且高标准的研究培训与丰富的项目式学术活动。就研究培训而言，该项目要求学生在第一、二学年至少完成 6 学分的研究轮转，学生可据此确定自己感兴趣的课题及博士导师。此外，学生还应在每年秋季学期的研究报告会上用一天的时间向其他师生展示轮转研究成果。就学术活动而言，无论是年度活动还是每周一次的研讨会，都有特定的主题或专门围绕某一复杂的跨学科议题而设。项目通常举办三种年度活动，即博览（Ex-Exposition，

---

① Institute for Computational and Mathematical Engineering. https://exploredegrees.stanford.edu/schoolofengineering/instituteforcomputationalandmathematicalengineering/#doctoraltext. [2022-04-25].

Xpo）研究座谈会、夏季研讨会及招待（Ex-extended，Xtend）职业论坛。具体而言，Xpo 研究座谈会旨在让师生了解计算数学、数据科学、机器学习、科学计算等领域的广泛应用①，夏季研讨会涉及的主题有机器学习、自然语言处理及 Python 编程等，招待职业论坛包括职业介绍会、交流早餐会、招待会、面试。每周一次的研讨会也有三种形式，即第一学年系列研讨会、工业及其他领域的计算科学研讨会、线性代数和优化研讨会。具体而言，第一学年系列研讨会由来自工程学、人文社会科学和校外机构的教师、研究人员介绍该项目的研究情况，工业及其他领域的计算科学研讨会主要探讨 ICME 如何在各学术机构中应用，线性代数和优化研讨会致力于探讨复杂科学计算问题的解决方案。

（五）师资配备：多学科背景

师资跨学科配备意味着不同学科的知识体系、方法论以多元化方式呈现，能够促进产生新的协同效应。跨学科研究生教育项目集结了来自多个部门、学院及研究机构的广泛师资，以单一学术机构无法做到的方式促进了跨学科教育。计算与数学工程博士学位项目利用斯坦福大学在物理、生物、数学和信息科学方面的学科优势，与斯坦福大学 5 个学院的近 20 个系建立了密切联系。②该项目通过跨学科、跨院系的方式联合聘任教师以组建教师团队。组建的教师团队约涉及 17 种专业背景，分别为数学、地球物理学、航天航空学、管理科学与工程、电气工程、机械工程、生物医学数据科学、遗传学、统计学、计算机科学、土木与环境工程、能源资源工程、生物学、化学工程、计算机科学、生物工程、计算与数学工程。③教师个人的知识结构虽精深但不够广博，无法掌握解决某一问题所需的所有学科知识。而具备多元知识体系的教师团队可通过优势互补促进学科间交叉融合并指导学生进行跨学科学习。多学科教师的投入、参与和指导对于发展学生的跨学科能力而言非常重要。

---

① Stanford Institute for Computational & Mathematical Engineering. Annual Events in ICME. https://icme.stanford. edu/get-involved/annual-events-icme.[2022-04-25].

② Holley K. The challenge of an interdisciplinary curriculum：A cultural analysis of a doctoral-degree program in neuroscience. Higher Education，2009（2）：241-255.

③ Stanford University. Institute for Computational and Mathematical Engineering. https://exploredegrees.stanford.edu/schoolofengineering/instituteforcomputationalandmathematicalengineering/#facultytext.

（六）条件资源：系统的资助体系

CMEP主要通过奖学金、助理、助学贷款资助跨学科研究生。奖学金包括校内奖学金和校外奖学金，助理包括助研、助教。具体而言，斯坦福大学为该项目提供的校内奖学金有斯坦福研究生奖学金、研究生奖学金、奈特·汉尼斯学者奖学金。高校可以通过提供资金或空间的形式支持开展跨学科研究生教育项目。联邦政府及各类机构为该项目提供的校外奖学金来源于美国国家科学基金会研究生研究奖学金项目、国防科学与工程研究生奖学金项目，等等。[①]这些资助体系有力地支撑了跨学科博士项目的运行和发展。

---

① Stanford Institute for Computational & Mathematical Engineering. Graduate Funding. https://icme.stanford.edu/academics-admission/graduate-funding.

第五章

我国专业博士培养模式的调查研究

第一节 研 究 设 计

一、调查目的与方法

1. 调查目的

本章调查的主要目的有两个：一是了解专业博士生、毕业生对项目的满意度；二是获得专业博士生对招生考试、课程设置、教学方法、科研训练、导师指导、毕业考核、质量保障、管理与服务等方面的评价，以及专业博士管理者、教师、导师和用人单位对专业博士培养模式的评价。

2. 调查方法

本章研究采用问卷调查的方法。问卷对象选择在读的专业博士毕业生，主要选择设置教育博士、工程博士的18所培养机构，其中有"双一流"大学，也有省属大学，目的是把各层次、区位的大学纳入调查范围。由于疫情等原因，主要采用了电子问卷进行调查。

首先，形成专业博士培养状况研究问卷和访谈提纲。在问卷设计上，内容主要包括博士生基本信息、课程、教学、导师指导、培养质量和培养目标等几个方面；在问卷选项中，主要采用李克特五级量表计分，分别设"很满意""较满意""一般""不太满意""很不满意"五个层级。问卷数据的整理与分析采用SPSS 17.0检验，结果表明总问卷的α信度系数为0.92，各个一级维度的α系数都在0.8以上，表明问卷具有较好的信度。

结合发现的美国、英国、澳大利亚专业博士的特点及我国专业博士发展历程，本章重点关注专业博士培养模式的要素、结构和功能，将培养目标、招生考试、课程设置、教学方法、实践活动、科研训练、导师队伍、评价标准、质量保障、毕业状况和专业发展等方面。多项选择主要考察对选项的优先性和重要性排序，从而看出被测对问题的认识。开放性问题主要请被调查者自由表达对专业博士培养的意见、建议。

其次，本章研究选取 8 所专业博士培养机构的专业博士生 125 人、专业博士导师 12 人、专业博士教育管理者 7 人进行访谈。访谈采取半结构式的访谈模式，尽可能让受访者反映出专业博士生培养与管理中的实际问题和自己的思考。

本章调查向培养单位和个人发放电子问卷。电子问卷可以通过邮件、微信等多种方式进行发放和填写。完成调查后对收集到的问卷和访谈记录进行处理，最终得出结论。

二、相关研究

第一，对专业博士的调查研究。李伟和闫广芬的调查发现，我国专业博士教育存在定位的"同化"、内容的"软化"、过程的"异化"、评价的"矮化"、条件的"弱化"。[①] 罗英姿和李雪辉的调查发现，"培养目标与结果的不完全统一对专业学位教育深入发展产生了负向作用。对学术学位及国外专业学位博士研究生培养在制度、模式和标准上的依赖是问题产生的直接原因"[②]。全国专业学位博士教育质量调查结果显示，"专业博士教育存在培养目标定位不清，导师制度流于形式，不注重实践能力培养，欠缺校外力量参与，培养方案依附性强，成果产出偏重论文发表，博士生能力提升与发展需求不匹配，对博士专业学位认知不清等问题"[③]。一项对教育博士专业学位研究生培养质量满意度研究发现，"对课程种类丰富性、实践领域教师/导师比例、实践研修基地建设、学院组织的生生交流活动、学校毕业论文要求等方面不甚满意"[④]。

第二，对教育博士的调查研究。张斌贤等指出，"我国目前教育博士的培养

---

① 李伟，闫广芬. 专业学位研究生培养模式的理论探析与实践转向——基于分类观的视角. 研究生教育研究，2021（5）：51-57.

② 罗英姿，李雪辉. 专业学位博士研究生培养的路径依赖及其优化. 学位与研究生教育，2018（5）：55-60.

③ 罗英姿，李雪辉. 我国专业学位博士教育面临的问题与改进策略——基于"全国专业学位博士教育质量调查"的结果. 高等教育研究，2019（11）：67-78.

④ 王亮，郭丛斌. 教育博士专业学位研究生培养质量满意度研究——基于某综合性高校教育博士研究生就读体验调查的实证分析. 学位与研究生教育，2020（4）：52-59.

还存在一些问题，如招生规模总体较小、博士生的工学矛盾突出、教育博士专业学位论文的标准还不够清晰、授权点过少等"①。马爱民通过问卷和访谈调查运用问卷调查法，对全国15所试点高校的184名教育博士生展开全面调查，并对教育博士指导教师进行了半结构访谈。调查显示，博士生对课程实用性和职业实践指导的满意度较低。②在另一次调研中发现，不同教育博士培养主体对培养目标的理解存在差异、教育博士的专业训练实践性较为薄弱、导师指导偏向学术化。而且专业之间博士生分布存在明显差异。78%的博士生分布在教育领导与管理专业，14%的博士生分布在学校课程与教学专业，仅有8%的博士生分布在学生发展与教育专业。③

马金晶对教育博士课程体系的调研发现，必修课与选修课比例失衡，选修课占比平均仅15%，选修课种类也不够丰富，课程门数在5门左右。④2021年，关于我国研究生满意度调查发现："专业学位博士生拥有校外导师的比例很低，一年级21.8%，二年级26.3%，三年级18.6%，四年级及以上8.9%。专业学位博士生具有实践基地经历的比例（64.3%）。"⑤一项全国性调查显示：我国专业型博士生对课程与教学、导师指导、科研训练的满意度都明显低于学术型博士生。⑥

第二节 研究数据分析

一、调查样本的基本情况

本次问卷调查共发放问卷2000份，回收问卷1614份，问卷回收率为80.7%。

---

① 张斌贤，文东茅，翟东升. 我国教育博士专业学位教育的回顾与前瞻. 学位与研究生教育，2016（2）：1-6.
② 马爱民. 国际比较视野下的教育博士发展研究. 华东师范大学博士学位论文，2013.
③ 马爱民，李永刚. 我国教育博士专业学位研究生培养状况调查研究. 国家教育行政学院学报，2015（3）：73-79.
④ 马金晶. 成果导向教育博士课程发展研究. 西南大学博士学位论文，2012.
⑤ 周文辉，黄欢，牛晶晶，等. 2021年我国研究生满意度调查. 学位与研究生教育，2021（8）：11-20.
⑥ 李明磊，周文辉，黄雨恒. 博士生对培养过程满意吗？基于数据监测视角. 研究生教育研究，2017（5）：36-42+48.

其中有效问卷1560份，有效问卷率为78.0%。回收来自18所大学的25个专业，其中一流大学建设高校13所，一流学科19个，反映出专业博士学位主要设置在高水平大学和高水平学科之中。回收问卷按性别分，男生865人，占55.5%，女生695人，占44.5%。按培养年度分，专业博士研究生一年级614人，二年级422人，三年级361人，四年级及以上163人。

按学科来分，回收有效问卷中，教育博士842人，临床医学博士332人，工程博士270人，中医博士116人。

此外，使用访谈法，主要选取了8所专业博士培养机构的专业博士生125人，专业博士导师12人，专业博士教育管理者7人。

二、数据分析

1. 求学动机方面

在博士生攻读专业博士动机方面，调查结果（图5-1）显示，"职业发展需求"占比最高，其后依次是"提升专业能力""提高理论水平""提高科研能力"，相比之下"职务晋升"并不是专业博士生的重要目的。由此可见，被调查的专业博士生的求学动机与专业博士培养目标与取向具有较大契合度，职业发展需求、提升专业能力与理论水平是专业博士生关注的重点，在访谈中可以感受到他们对职业发展需求、提升专业能力的渴望。

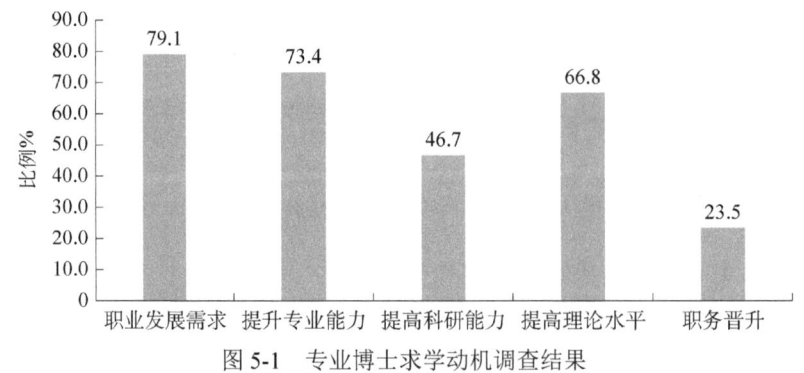

图5-1 专业博士求学动机调查结果

在择校时的主要因素中，"学科专业的声誉和实力"是择校时最关注的因素,然后是"学校的声誉和实力"以及"导师的水平和声誉"等因素。访谈中发现,博士生对区域位置并不是特别在意,最重要的还是对学校层次的考量。

博士生对学科理论和前沿研究非常关注,在访谈过程中也可以得到确认:"我们都是在实践一线工作多年,实践能力比较强,对理论知识非常匮乏,对理论与实践相结合更是没有概念。毕业后盼望能够成为专家型教育工作者。"

2. 培养目标

在对入学前是否清楚所在专业的培养目标时,67.0%的被调查者回答"很不同意",而且54.0%的被调查者在学校的培养目标与入校前的认知一致问题上回答"很不统一",这反映大部分博士生并不清楚所报考专业博士学位的培养目标,入学后发现学校的培养目标与自己之前的认知的相同的占多数。这说明,专业博士考生与学校对专业博士的认知大部分一致,但考生主要还是为博士学位的金字招牌而来的,并不太关注专业博士教育所学内容。

3. 招生录取

91.4%的认为专业博士的招生考试科学合理,反映出专业博士生招录环节总体运行良好,入学考试比较公平。访谈中,专业博士生反映招生考试的竞争压力很大,初试和面试都不容易,而且考试重点关注的是学术水平,对工作业绩并不是太在意。

有导师认为应该加强考生科研素质和学术潜力的考查,"对考生科研能力的考查,对其学术潜力的考查非常重要,有助于使其快速实现角色转型,也能够顺利进入课程学习和论文写作"。相比之下,专业博士生更多地认为专业博士招生考试更应关注实际工作能力,因为专业博士的培养目标是运用理论指导实践、解决实际工作中的问题。

4. 课程设置

在对入学前所需知识类型的调研中,博士生最看重的依次为研究方法知识、跨学科知识、专业前沿知识、专业基础知识、实践知识。这比较符合专业博士生的实际需要,但与专业博士的培养目标有冲突。

专业博士生对课程教学的满意度(表5-1)总体不高,尤其是课程设置方面的意见很多，认为课程选择性小，选修课开设不足；课程教学过程中实践教学的比例低；对课程授课形式、课程教学中理论联系实践这两个方面的满意度也不高。可见，课程教学方面需要大力改进。

表 5-1　对课程教学的满意度　　　　　　　　　　　　　　单位：%

题项	非常不满意	比较不满意	一般	比较满意	非常满意
必修课程设置合理	1.0	0.5	11.9	35.8	50.8
选修课程设置合理	0.8	1.5	7.9	35.0	54.8
必修课与选修课的比例合适	0.5	5.9	22.0	32.0	39.6
课程内容能反映社会需要及学科发展	12.0	16.0	14.0	32.0	26.0
课程内容具有学科前沿性	8.0	19.0	34.0	21.5	17.5
方法课程充分实用	11.0	24.0	15.5	32.0	17.5
课程内容与专业博士培养目标相符	9.4	22.0	31.0	13.0	24.6
课程包含跨学科的知识	6.6	24.2	21.0	12.0	36.2
课程教学过程中教师注重理论联系实际	24.0	14.7	33.0	17.0	11.3
有专业实践课程或相应的学习要求	19.2	21.0	31.0	15.0	13.8
课程教学过程中实践课程的比例合理	12.0	14.0	6.9	15.0	52.1
课程考核方式科学合理	3.2	4.3	23.0	24.3	45.2

5. 教学方法

统计结果显示，在教学过程中，专业博士课程中实际使用最多的是讲授法，然后依次是案例法、研讨法、多方法混合、现场教学法。与之鲜明对比的是专业博士生希望的教学法依次是：研讨法、案例法、多方法结合、现场教学法，讲授法最不受学生欢迎。这说明专业博士生期望的教学方式没有得到现实的满足，也说明博士生不能参与到培养方案的设计，传统的讲授法依然非常强大。教学法的具体调查结果如图 5-2 所示。

被调查者对教学方式合理与教学方式多样性的满意率均未达到一半（表 5-2）。访谈中也发现，专业博士生多有抱怨，认为教学中还是把学生当作小孩子，没有能够充分发挥学生的主动性和积极性，满堂灌、静听式的教学模式依然存在。访谈中，导师也感到为难：由于想着把所有专业博士生的学科专业基础做扎实，专业博士生需要学的理论知识实在太多，而课程数量有限，往往只能赶进度；担心学生参与教学会影响进度，也会使课堂教学看起来热闹，但学生收获不大；担心学生没有学科专业的知识基础，就难以进行博士论文撰写。

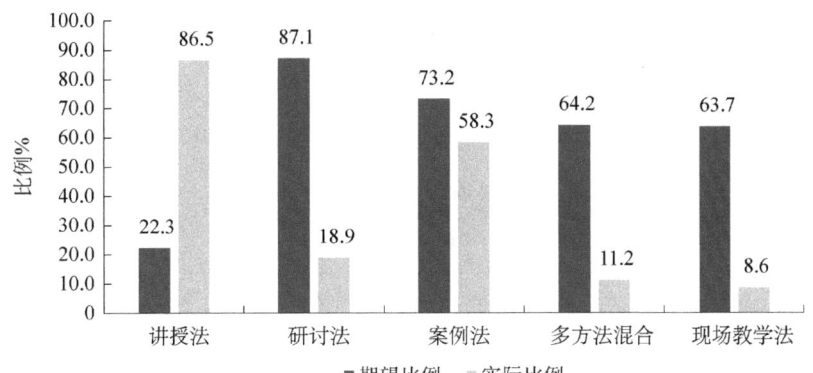

图 5-2 教学法的调研结果

表 5-2 对教学方法的满意度 单位：%

题项	非常不满意	比较不满意	一般	比较满意	非常满意
教学方式合理	12.0	15.4	23.0	32.2	17.4
教学方式具有多样性	32.0	29.6	12.2	9.8	16.4

6. 教学评价

被调查者普遍认为课程学习对能否顺利毕业作用很大，占比达到78.4%，而且年级越高，这种认识越强烈。对课程内容设计的什么方面最满意的依次是：前沿性50.6%，基础性43.0%，实用性32.8%。看出专业博士生对课程教学的学术前沿性认可度较高，也反映出授课教师的学术水平较高，但对其实用性和研究方法的指导性认可度不高，对理论教学对科研水平提升的满意度很低，满意率仅为26.2%（表 5-3），也说明虽然课堂上学了，但真正落实到自己会运用，还要很大的距离。

表 5-3 对教学效果的满意度 单位：%

题项	非常不满意	比较不满意	一般	比较满意	非常满意
理论教学内容的前沿性	12.0	15.4	13.0	32.2	27.4
理论教学对科研水平提升方面	32.0	29.8	12.0	9.8	16.4

7. 实践训练

通过调研发现，目前专业博士教学实践环节的主要活动是实地考察或境外考察的形式为主，占75.3%，方式较为单一，现场观摩教学运用较少，只占

16.5%，专业实践占比更少，为 8.2%。这说明，在调查中，当前的实践环节往往流于形式，实质内容较少。但问卷结果认为实践课程学习对专业提升重要的占比却较高（表 5-4），因此培养机构应该更加重视实践课程的设计，更多采取现场观摩教学的方式来提升专业博士生的实践能力。

表 5-4　对实践训练的满意度　　　　　　　　　　　　　单位：%

题项	非常不满意	比较不满意	一般	比较满意	非常满意
实践课程学习对专业提升非常重要	17.4	13.0	23.2	14.0	32.4

8. 教师队伍

问卷统计显示，接受的导师指导模式中，单一导师制占 46.5%，双导师制占 47.0%，指导小组制占 6.5%。在访谈中，专业博士生和导师都反映，所谓校内外双导师制，往往很难落到实处，校外导师大多只是挂名，有的校外导师只有开题答辩的时候能够见到，导师小组制在很多高校的培养方案中提及，但博士生和导师都非常清楚导师负责制是最终的指导原则。

专业博士生对师资队伍的满意度不高。尤其是对授课、指导教师中来自实践领域的兼职导师比例，以及对指导教师能够在职业实践方面给予的建议方面非常不满意，这说明在调查中，专业博士教育中实践领域参与少、指导过程中对实践领域的观照严重不足。被调查专业博士生对教师队伍的满意度如表 5-5 所示。

表 5-5　对教师队伍的满意度　　　　　　　　　　　　　单位：%

题项	非常不满意	比较不满意	一般	比较满意	非常满意
授课教师数量充足	0	1.2	3.4	23.8	71.6
师生联系程度满意	18.0	17.9	22.0	27.3	14.8
指导教师学术水平高	1.9	3.0	17.9	32.0	45.2
专业指导教师能够在学术提高方面提供有效指导	7.0	0	2.4	17.0	73.6
实践型教师充足	2.0	10.4	26.0	29.3	32.3
实践型导师的作用大	5.0	12.0	4.9	29.3	48.8
实践导师水平高	0.8	3.9	15.0	34.0	45.3
来自实践领域的兼职导师比例大	7.0	21.0	11.5	23.3	37.2
对导师指导感觉满意	0	14.0	34.6	23.0	28.4
导师指导后，职业发展和专业实践能力提高	1.3	11.0	14.5	33.0	40.2
导师指导后，学术能力提高	0.8	6.0	11.0	13.5	68.7

被调查者对实践导师的满意度很高，对其水平也高度认可。当然对校内指导的学术水平也很看好。对导师指导后对学术能力、职业发展和专业实践能力的提高都比较满意。但对师生联系程度满意度很低，师生联系的频次每月 1 次的占 42.0%，两月 1 次的占 13.4%，交流较少的占 44.6%，说明师生交流的确太少，这对专业博士生的学习信心影响很大。访谈中，专业博士生对导师指导都是给予很高期望的，非常希望能获得导师经常性的指导帮助，尤其是论文选题、论文写作遇到困难的时候，都希望导师能够及时伸出援手，指点迷津，哪怕是简单的问询，都是对他们很大的鼓励。

关于导师指导，在访谈中，导师也谈了很多。相对集中的是专业博士生自身的能力参差不齐、对博士论文的驾驭能力严重不足，对什么是博士论文、如何使用研究方法、如何收集使用文献资料等方面的知识能力准备还非常不充分。这也反映，博士论文前期的课程教学、实践训练没有给被调查的专业博士生带来实际收获，也反映出前期的学习与后期的博士论文写作相割裂，彼此不能衔接。这也证明本书所述的专业博士培养模式系统中各要素之间的相互关系、系统结构的重要性，没有各要素之间的相关支撑，系统结构就不能发挥应有的功能。

在对专业博士生从导师指导中受益最大的方面，理论知识和科学研究收益最大的占 77.4%，导师的学术修养和品格占 22.0%，专业实践和职业发展占 0.6%。这说明被调查专业博士生导师指导的重点是理论与研究，对实践方面的指导很少。这与专业博士学位的培养目标有很大偏差。

参与导师的课题研究的专业博士生占 48.3%，但访谈中专业博士生反映他们工作大多是参与收集资料、讨论等，很少涉及导师研究的核心内容。有来自校外实践型导师的比例为 34.0%。在这方面，学科之间的差别很大，工程博士有校外实践型导师的比例高达 92.0%，教育博士校外实践型导师的比例仅为 0.5%。

9. 博士论文

学校要求必须撰写博士论文的占 91.2%，只有个别工程博士可以用其他方式来替代博士论文。在博士学位论文的选题取向方面，理论与实践相结合的占 88.0%，这与专业博士的培养目标相吻合。但论文选题与工作实践联系紧密的比例仅为 35.4%。这两者有一定的矛盾，即专业博士生所理解的实际并不是自己的工作实践,与博士论文选题来源的选项可作为佐证,认为来自专业实践的被调查者仅占19.3%。这说明专业博士论文选题与博士生自己的工作实践还有一定的距离。关于新选题如何确定,被调查者自己确定选题的仅占16%。访谈中,专业博士生认为自己选题太过冒险,往往是导师直接给出选题,学生们才最放心,这也说明专业博士生存在自我信心不足的问题。

被调查者中,89.5%的人反映学校要求毕业前必须发表学术论文。在读期间,发表学术论文数量1篇的占48.0%,还没有发表的占39.0%,当然年级不同,差别很大。被调查专业博士生对博士论文的满意度如表5-6所示。

表5-6 对博士论文的满意度   单位:%

题项	非常不满意	比较不满意	一般	比较满意	非常满意
博士论文选题来自专业实践	14.0	23.5	43.2	16.0	3.3
博士论文的阶段性要求严格	8.0	16.5	22.0	24.6	28.9

10. 管理制度

专业博士生对管理制度方面的反馈不一而足,反映问题最多的是对学校对学位论文的要求不合理。访谈中,博士生也抱怨:"把专业博士生当作哲学博士生,这不符合我们的实际,我们的学术能力达不到,也不符合专业博士学位的特点。"其他反馈比较多的有:学校对发表学术论文的要求、学制时间等。从中能够看到专业博士生的焦虑。被调查专业博士生对管理制度的满意度如表5-7所示。

表5-7 对管理制度的满意度   单位:%

题项	非常不满意	比较不满意	一般	比较满意	非常满意
管理制度	1.0	0.5	6.4	38.1	54.0
培养方案	1.0	6.0	8.9	38.0	50.1
中期考核	1.9	0	4.9	35.0	58.2
论文发表	0.5	3.4	8.9	37.2	49.0
学位论文	0.5	22.4	25.0	27.1	25.0
学制时间	1.0	21.0	38.9	31.0	8.1
质量保障体系	1.0	31.9	35.4	31.0	0.7

11. 条件保障

在学校条件保障方面,被调查的专业博士生反映问题集中在学校提供的实践研修基地不足，这在美国和英国第二代、第三代专业博士教育中已经不再是问题，但在我国被调查的专业博士教育中仍然存在，而且问题还比较突出，说明我国被调查的专业博士培养模式还没有真正把专业博士生所在的工作场域作为学习和研究的中心，培养模式还没有进入第二代专业博士教育的状态。被调查专业博士生对条件保障的满意度如表 5-8 所示。

表 5-8 对条件保障的满意度 单位：%

题项	非常不满意	比较不满意	一般	比较满意	非常满意
教学设施	1.5	13.0	18.0	27.0	40.5
图书资料	1.4	2.4	14.0	27.0	55.2
案例库资源	20.4	15.0	30.0	11.6	23.0
实习实践基地	4.5	19.5	5.0	26.0	45.0
政府、行业、企业的支持	6.4	16.0	30.6	23.0	24.0
校外导师参与	11.0	16.5	25.0	26.0	21.5
培养过程中处理好理论与实践的关系	6.0	11.0	36.0	22.0	25.0

12. 学习收获

通过专业博士的学习收益最大的是专业理论水平，其次是科学素养和学术研究能力、多学科领域的知识、职业实践能力、创新能力（图 5-3）。与其他调研数据可以相互印证，学校培养偏重理论科研，但与专业博士培养目标有所偏离。

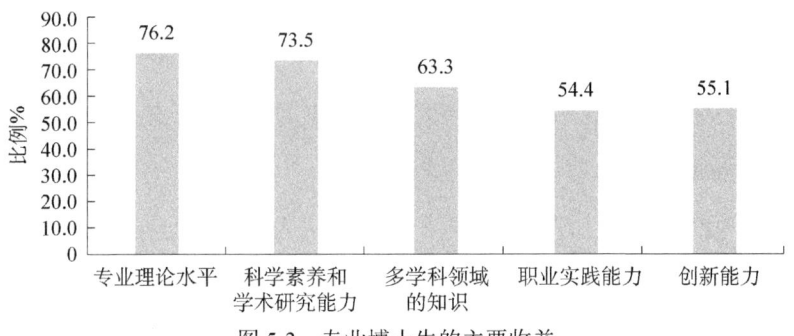

图 5-3 专业博士生的主要收益

13. 其他方面

在对专业博士教育的态度方面，78.0%的专业博士生持乐观态度。66.4%的专业博士生认为当前我国专业博士学位不如哲学博士学位的地位，15.0%的认为二者不可比，各有特色，说明在读专业博士生对专业博士学位的社会地位也不太认可，那么社会的认知度可能会更低。在对"个人投入与收益的比较"方面，73.0%的人认为获得专业博士学位的收益超过读博所付出的成本，可见收获与成长还是被多数人承认的。

14. 专业博士生访谈主要结论

被调查的专业博士生普遍认为，我国专业博士教育的法治建设还不够完善，造成专业博士学位社会地位不高、毕业后难以得到足够的认可。在招生方面，他们主张除了客观赋分之外，个性化考查也非常必要，比如拿一个案例让考生分析，在某种程度上也可以分辨考生的优劣。被调查者对课程教学方面的意见比较大，普遍认为学术性太强，难以消化吸收，教学方法陈旧，不能理论联系实际。他们对老师、导师的学术水平普遍认可，但对导师指导不太满意，认为导师难以心平气和地与学生沟通，甚至不了解学生的实际水平，提出了许多学生能力达不到的要求。校外实践导师的参与严重不足，大部分是挂名而已，不清楚有实践基地的居多。被调查者对博士论文都感到紧张，压力巨大；对博士论文究竟是学术取向还是应用取向，一直非常纠结，最终还是选择与哲学博士学位论文相似的学术性论文。写作时，他们普遍感到能力不够的困扰，尤其是不会科学地使用研究方法，导师说看起来不是学术论文，但专业博士生又不知道如何下手。被调查的专业博士生普遍认为，专业博士教育应该吸纳更多社会力量，尤其是自己所在的工作单位，因为自己毕业后还是要回到原单位，所以研究原工作单位的现实问题、困难最有价值，这就需要大学与专业博士生的工作单位建立合作关系。

15. 专业博士导师访谈的主要结论

导师普遍对专业博士学位有清晰的认识，认为专业博士与哲学博士有很大不同，是偏应用的专业学位。专业博士培养目标主要是在其现有实践经验丰富的基础上，掌握和运用理论工具和科学的研究方法来提升实践水平和管理能力。但学校制定的培养目标表述往往很笼统，关键在于教学老师和指导老师对培养目标的把握。在课程设置方面，导师认为部分专业博士生对专业博士教育的认知有偏差，要么高度追求理论，要么过于轻视理论。博士层级需要学生以一些理论基础作为支撑，没有这个基础，就没法写博士学位论文。在教学方法上，师生都想轻松活泼,让每个学生都参与进来,但一周就一次课,在不能上成"水课"的前提下,老师讲授的信息量要大,这就需要学生提前预习、课后复习,总想轻松地学习的思想是不对的。目前,实践一线或企业导师不是主流,他们往往可以一起参与探讨,但很难达成深度合作,主要是因为水平很高的实践一线或企业导师往往不愿意参与其中。专业博士生不好带,他们是成年人,而且有很多工作、家庭的缠累,往往难以安心学习,所以学习投入严重不足,总想着尽快毕业。如果他们不具备必要的知识能力和学术能力储备,其博士论文就难以达到毕业要求。现在国家对博士论文的质量要求越来越高,谁也不敢拿学校的声誉开玩笑。有的专业博士生不能按时毕业很正常,这对保证教育质量是必要的,也是对在读生的一种警示。现在有的学科专业规模小,有的学科专业规模太大,导师和教学资源不知。毕竟是博士学位,不能大规模招生,否则会使得学位贬值。综上可见,导师多持谨慎发展的态度,对专业博士教育的质量不太乐观。

16. 专业博士教育管理者访谈主要结论

高校进行专业博士培养是学校积极争取来的,对学校发展有益,主要体现在布点、获得资源,对学科发展壮大非常有利。专业博士与哲学博士有区别,也有共同点,按照它们的差异来进行分类培养还需要很多条件。目前来看,没有对专业博士培养模式进行专门的设计,目前可见的主要差别就是两类博士学位研究类型的差别,学术型与应用型都要进行学术研究,高校往往并不清楚两者在课程教学、师资队伍、论文撰写、毕业考核等方面应该有什么区别。对于博士论文,一般为确保其质量需要外审,由于国家还要抽检,因此学校对毕业考核的要求就高不就低。发展专业博士教育需要优质而且适合专业博士学位的生源、好的人才培养氛围,包括社会氛围,用人单位都要认可并欢迎这个学位,这都需要专业博士培养机构认真设计并实施科学的专业博士培养方案,按照科学的培养模式来实施培养。由本章调查可以窥见,高校管理者对专业博士还缺乏足够的研究和重视,制度设计还不够完善。

第六章

我国专业博士培养模式的创新

第一节 我国专业博士培养模式的主要问题

虽然我国对专业博士培养的各方面都有相关规定,各专业博士学位实施高校在遵循国家相关规定的基础上,努力完善自己的专业博士培养制度,但依然存在突出问题。最为突出的问题就是专业博士和哲学博士培养模式趋同,专业博士培养模式缺乏符合专业博士学位自身属性的特色。其后果就是专业博士学位的社会认可度低,毕业生的后续发展不容乐观,往往游离于博士教育的边缘,在学位体系中的地位不高,作用发挥不充分。在表现培养模式上,主要有以下五个方面的问题。

一、办学规模小,专业设置有限

我国专业博士经过 30 年的发展,仍然招生规模小且范围窄。我国专业博士的招生数量虽逐年增多,与发达国家对比相差甚远。以美国为例,2018—2019 学年美国部分专业学位领域授予学位数量见表 6-1。从中可以看出美国专业博士的学科专业比我国更为细致,规模更为庞大,已经形成规模效应。

表 6-1 2018—2019 学年美国部分专业学位领域授予学位数量[①]

专业学位领域	数量/人	专业学位领域	数量/人
牙科博士	6 321	足病博士	579
临床医学博士	19 423	兽医博士	3 231
眼科博士	1 685	脊椎推拿博士	2 608
骨科博士	6 700	法律博士	34 133
药剂博士	14 875	其他专业博士	352

---

① NCES. Degrees/certificates by field of study. https://nces.ed.gov/ipeds/SummaryTables/report/360?templateId=3600&year=2019&expand_by=0&tt=aggregate&instType=1.[2021-12-25].

从结构占比来看，我国专业博士招生规模占博士招生总规模2018—2022年平均值仅为5.2%，比例明显偏低。从发展趋势来看，虽然我国专业博士招生人数显著增加，2019年我国专业博士招生人数首次突破1万人，是一个大的飞跃。但是，从产业对高层次人才的需求来看，现有专业博士存量和年提供量难以满足高技术产业研发和各行各业对更多更优高层次人才的需求，专业博士的培养规模与质量亟待提升。随着产业结构的升级和企业自主创新能力的提升，产业界对博士人才的需求还将持续扩大。相较于我国对关键领域技术应用与转化的迫切期待、我国对创新型复合型应用型人才的巨大需求，专业博士教育的发展还有很大的拓展空间。

和其他学科领域相比，工程博士处于国家关键技术领域的前端，国家重大战略、重大工程、重大项目、重点产业对高技能人才的需求非常旺盛，这些领域主要分布在工程领域。工程博士教育尤其亟待变革，要尽快扩大规模。从规模来看，我国工程博士的招生人数和在学人数都偏少，毕业人数更少。统计数据显示，我国2015—2019年专业博士学位年均招生人数为4860人，年均毕业人数仅为2200人，除去教育博士、临床医学博士、口腔医学博士等专业博士人数，工程博士的数量更少。[1]而美国仅工程博士年均毕业人数就超过1.1万人。

高校博士就业的领域越来越多样化，学术岗位之外的高新技术含量的岗位成为新宠。总的形势是博士毕业生在学术界就业的比例越来越小，多样化的趋势越来越强烈。而且我国企业界对研究人员的创新能力的要求越来越高，而实际研究人员的学历层次仍然偏低，因此，博士学位研究人员的需求量将是巨大的。

专业博士的专业类型的结构不仅要进一步满足社会对人才发展的战略需求，还要与专业博士教育的发展规律相吻合。我国专业博士的学科专业布局还不够完善，例如，2019年专业博士招生中工程类4226人，占专业博士招生总数的40.78%；临床医学类4232人，占专业博士招生总数的40.83%[2]，二者的比重远远超过其他领域的专业博士。2019年在校专业学位博士生中临床医学占专业博士生总数的49.48%，授予临床医学专业博士学位4804个，占当年授予专业博士

---

[1] 林成华，施锦诚. 加快工程博士培养的战略性前瞻布局. 光明日报，2020-10-13（13）.

[2] 中国学位与研究生教育发展年度报告课题组. 中国学位与研究生教育发展年度报告（2019）. 北京：社会科学文献出版社，2021：163.

学位总数的 86.73%,①呈现专业博士结构的严重不均衡。再如,教育博士仅设教育领导与管理、学校课程与教学、学生发展与教育 3 个专业,不能满足教育领域多岗位的需求。而且 2010 年以来教育博士的招生主要集中在教育领导与管理专业,其数量是学校课程与教学、学生发展与教育两个专业总和的 3 倍左右。工程博士面向的领域很广,但只设有电子信息、机械、材料与化工等 8 个专业领域②,专业设置的更新非常缓慢,容易造成"千校一专业"的问题,无法满足区域位置的个性化需求。这表现为人才培养专业的偏颇,不能满足不同教育工作者类型提升学历的需求。

从表 6-2 可以窥见,与国外部分大学相比,我国大学教育博士的专业类别少,难以满足社会多方面的不同需要。当然,这也与高校的培养能力相关。随着我国高等教育普及化的实现,博士生在学规模急剧增大,但博士导师队伍跟不上,现在我国高校普遍存在一师多生的现象,再扩大专业博士教育的规模,博士生导师就会捉襟见肘,而且学术型学者往往不太喜欢指导专业博士生。

表 6-2 中外教育博士专业设置的比较

大学	教育博士专业设置
南加利福尼亚大学	1.教育心理;2.高等教育管理;3.城市学校背景下的 K-12 教育领导;4.多元文化社会中教师教育
利兹大学	1.信息技术在教育中的应用;2.全纳教育与儿童;3.语言教育;4.14 岁后教育;5.教育领导与管理;6.科学教育
西悉尼大学	1.教育政策研究;2.课程研究;3.学与教;4.社会文化研究;5.教育领导与变革
清华大学	教育领导与管理
北京师范大学	1.教育领导与管理;2.博士生发展与教育

在某种意义上,专业博士是专业硕士的延续,二者应该是衔接、贯通的,但是我国在专业博士制度设计时,对贯通重视不足。以教育硕士和教育博士为例,目前,我国教育硕士的专业设置有中小学基础学科、教育管理、小学教育和现代技术教育等 12 个专业类别和 15 个研究方向,与教育学本科专业建构起较为通畅的衔接体系。从专业设置来看,教育博士局限于教育领导与管理、课程与教学、

---

① 中国学位与研究生教育发展年度报告课题组. 中国学位与研究生教育发展年度报告(2019). 北京:社会科学文献出版社,2021:167.
② 王坦. 专业型博士"热"背后的"冷"思考. 研究生教育研究,2021(1):55-62.

博士生教育与发展3个专业,没有开设其他相关研究方向,造成无法与相应的教育硕士形成有机衔接。从报考条件来看,教育博士要求有5年及以上的相关教育实践经历,这必然影响教育硕士学位人员连续读博深造。从培养环节来看,教育博士开设的主干课程也没有循序渐进地持续深入,而是把大部分课程推倒重来。①这造成大量重复劳动和时间成本,而且学生的知识更新与能力提升缓慢。

二、专业学位体系不均衡,专业硕士与专业博士比例失当

国家对博士学位实行总量控制,学校专业博士的名额增加会引起哲学博士名额减少。我国教育博士学位目前仅招收高校、中学及相关教育机构的各类管理人员和具有一定成就的中学教师,教育行政机关工作人员及其他教育相关行业的从业人员不在招生范围内,一些有潜质的优秀生源往往被拒之门外。

教育部、财政部、国家发改委近日联合印发的《关于高等学校加快"双一流"建设的指导意见》指出,适度扩大博士研究生规模,加快发展博士专业学位研究生教育,完善多元化研究生招生选拔机制,适度提高优秀应届本科毕业生直接攻读博士学位的比例。但是现实中,专业博士和专业硕士的比例仍需进一步协调(表6-3)。而且专业硕士学位主要的招生群体是应届本科毕业生,而专业博士的主要招生群体是在职的有一定工作成就的工作人员,使得两种专业学位缺乏衔接关系,而且专业硕士学位分布很广,几乎所有学术型硕士学位都对应地设有专业硕士学位,但博士学位就是完全不同的政策。专业博士的招生规模始终不到哲学博士的1/10,使得专业博士难以获得培养学校和社会的足够重视。因此,政府和高校必须高度重视专业学位体系的建设,只能在一些职业性较强的专业领域适当地增加专业博士学位数量。不能片面发展某一个学科或专业的专业学位,而是要努力保证专业学位的体系完整、结构均衡、规模适度。当前的重点是改变当前专业硕士与专业博士发展规模不均等、衔接不通畅的局面,为社会培养出面向职业领域的高水平、应用型人才。

---

① 王坦. 专业型博士"热"背后的"冷"思考. 研究生教育研究, 2021 (1): 55-62.

表 6-3　2019 年我国专业学位硕士、博士授权点数量比较

专业学位类别	临床医学	工程	教育	口腔医学	中医学	兽医	总计
专业博士点数量/个	56	40	27	20	20	11	174
专业博士点比例/%	32.2	23.0	15.5	11.5	11.5	6.3	100
专业硕士点数量/个	113	423	165	62	50	50	863
授权点比值	1∶2	1∶10	1∶6	1∶3	1∶2.5	1∶5	1∶5

资料来源：①专业博士点数量：各专业学位研究生教育指导委员会；②专业硕士点数量：全国学位与研究生教育质量信息平台。

三、专业博士与哲学博士培养模式趋同

我国专业博士教育中存在的最大问题就是专业博士与哲学博士培养模式差别不大，甚至趋同。其中原因很多，首先是对专业博士的内涵缺少深入研究，没有形成统一的认知，更没有形成符合专业博士特色的培养方案。通过浏览我国设立专业博士学位的高校网站就可以发现，大部分专业博士学位设置高校只是在招生简章中简单地描述培养方式和学位授予的基本要求，没有更详细而定性的说明；极少数高校虽然出台了专业博士的培养方案，但对入学资格、课程设置、学位论文等要素的规定与专业博士学位所特有的专业性和实践性属性并不相符，反而与哲学博士的培养很相似。与第四章描述的宾夕法尼亚大学教育领导专业博士学位的培养方案相比，我国教育博士的培养方案普遍没有对专业博士学位申请者的学历、专业实践经验等条件做出明确要求；在课程结构中，既没有增加研究方法类课程，也没有开设实践训练类的相关课程。因此，尽快优化专业博士培养方案是非常紧迫的任务。

目前，我国各专业博士培养单位的招生人数普遍太少。在实际培养过程中，比较经济简便的方式就是照搬哲学博士的培养模式，这必然造成重理论轻实践，导致专业博士教育的实践特色体现不充分，甚至出现课程设置与哲学博士有大量雷同的现象，课程设置不能充分体现专业博士教育的特色，实践性较差。另外，同一专业不同研究领域或同一专业不同试点单位的课程设置也有雷同现象。例如某试点单位临床兽医领域兽医博士专业学位的必修课程有现代科学技术革命与马克思主义、英语、专业英语、兽医学进展和兽医法规，选修课程有计算机应用、中国农业与世界经济和文献阅读与专题讨论；而预防兽医领域兽医博士的必修课

程与临床兽医领域完全相同，选修课程只把文献阅读与专题讨论换为国内外兽医状况与展望。又如，对比两所不同层次高校教育博士的课程设置发现，在教育领导与管理领域，公共课、研究方法课和教育理论课几乎完全相同，教学实务与实践研究方面的课程也非常相似，教学方法上仍采用课堂教学、理论教授为主的方式在课程集中学习阶段，教师大多采用的教学方法仍然是我国本科教学中最普遍使用的课堂教学方式，注重学科系统知识的讲授，教学方法较为单一。虽然有部分高校在专业博士招生简章中说明会采取案例分析、团队学习等方法，但在实际培养过程中，专业博士的培养模式往往仍旧以哲学博士的模式为样板，以教师为中心的理论教学，淹没了学生的主体性，第三代专业博士教育的模式也还没有迹象。

目前来看，我国专业博士学位的评价标准和要求都相对单一，而且与哲学博士趋同。考核方式基本上还是终结性评价，很少将学习过程中的表现及其他方面的成绩纳入评价系统。专业博士与哲学博士的评价标准趋同，就会使得职业性、实践性表现不足。缺乏政府、行业企业的充分、有效的介入，作为培养主体的高校往往成为唯一的评价主体，这就不可避免地造成评价结果缺乏信度，而且通常采用学院派的做法，遵循学科知识的逻辑，推崇学科理论的推演，对专业实践涉猎很少，这非常不利于专业博士生实践能力的培养和训练。

与西方国家相比，我国专业博士培养的历史还很短暂，仍处于第一代专业博士培养模式阶段，"课程+论文"是主流培养模式。部分专业博士生培养单位采用哲学博士的毕业考核标准，虽然可以使专业博士生的研究能力得到提升，但不利于发挥专业博士生实践方面的优势。就教育学学科而言，在教育学博士基础上设置教育博士学位，是基于二者的不同课程标准和培养模式，但实际运行的情况却与初衷相违背。以北京师范大学、华东师范大学为例，这两所高校都设有专业学位的教育博士和学术学位的教育学博士，而两类博士学位的课程标准相似，学分、修业年限几乎相当；在配备的教师队伍方面，两类博士学位也几乎是完全相同的，这就很容易造成用与教育学博士相同的课程内容教授教育博士生的局面。

与学术性相比，实践性是专业博士的主要价值取向，是专业博士应有的品格。但我国专业博士在实践性方面还很欠缺，培养方案和培养过程中实践的成分不充分。"调查数据显示，有5.4%的博士生所在高校没有独立的专业学位博士生培养方案，有20.1%的博士生所在高校的专业学位博士培养方案与学术学位的方案雷同，缺少独立的培养方案。这一现象在教育和工程专业中较为突出……75.1%的全日制博士生和79.7%的非全日制博士生所在高校的博士专业学位论文形式与学术学位的等同。"[1]专业博士培养中出现的问题反映了培养过程与培养目标的脱节、质量标准与培养目标的分离，如此，培养目标就难以实现，而且培养过程也会困难重重。

通过问卷和访谈发现，我国高校普遍没有建设独立的高水平专业博士培养师资队伍，也没有普遍建立专门的专业博士实践基地。这些问题都表明我国专业博士学位的发展机制还不健全。尽管很多高校倡导实行导师和指导小组相结合的指导方式，但由于教师数量缺乏和人事制度的一些障碍，这种指导方式往往难以得到落实，我国专业博士生依然"以单一学术型导师制"指导为主。事实上，我国专业博士的实践性并不突出，甚至因走向模仿哲学博士而失去特色。作为一种后发的博士学位，专业博士必须有鲜明、独特的培养目标，否则其存在的必要性与合法性就会受到质疑。然而，目前我国有些培养单位对教育博士培养目标的理解还不一致，有的虽然有明确目标，但未能发挥应有的导向功能。这些问题的根源是对培养目标认识不清，最终导致培养模式要么与教育学博士趋同，要么成为一个不伦不类的项目。"课程设计理论化，导师指导学术化倾向严重，以学理化为标准的评价体系和以实践性为导向的培养体系互相矛盾，这与教育博士专业学位的初衷有较大差距。"[2]当前我国教育博士的毕业要求以学术论文为主，与专业学位的培养目标背道而驰，而且缺乏足够的科研训练和跟进指导，使得博士生出现学习困难和毕业延期。

就培养阶段而言，我国的专业博士培养基本上采取第一学年集中授课。有的高校没有为专业博士项目进行专门的教学投入，要求专业博士生与哲学博士生一起参加外语课、公共政治课等，甚至有的专业基础课和专业选修课因为选课人数少或为了节约教学投入成本而给两类学位的博士生一同授课，或者以专题的形式开设。并课或分开授课并不是关键，重要的是授课的方法与内容有没有针对性，

---

[1] 罗英姿，李雪辉. 我国专业学位博士教育面临的问题与改进策略——基于"全国专业学位博士教育质量调查"的结果. 高等教育研究，2019（11）：67-78.

[2] 王坦. "双一流"背景下教育博士实践性特征考察——基于112位教育博士研究生的实证调查. 河北科技大学学报（社会科学版），2019（9）：91-96.

比如"量化研究方法"和"质性研究方法"这类研究方法课程对专业博士生而言非常重要。但一些高校还没有开设这类课程，有的只是简单介绍，并没有使学生学会运用这些研究方法，这样的培养方式难以使专业博士具备更强的实践研究能力。总体而言，当前的课程教学内容和学术训练还不足以发展专业博士生的专业性和学术性。专业博士生之间讨论的主要话题是如何满足毕业要求、如何发表足够的学术论文、如何完成毕业论文之类的话题。他们对自己的培养设计往往服从于毕业要求和学术水平的通用考核标准。由于年龄与职业发展的压力，专业博士生对学术的追求体现在更加注重论文发表等显性指标上，他们很难将治学的重心置于应用能力培养上，至于实践创新，因为成果难以考核量化而往往难以实施。①

"工学矛盾"是造成专业博士培养困境的一个重要原因。担任一定职务的在职人员，放下工作集中时间投入攻读专业博士学位，这意味着非本地生源的高校中层管理者和中小学校长必须脱岗半年以上。高校已经形成了在职脱产进修的机制，专业博士生不离开现有工作岗位，而基础教育主管部门在专业博士生学习阶段一般会免去原行政职务，这也使得中小学教育管理者在专业博士中所占比例很低，背离了这一项目的初衷。"为了减少读博与工作的冲突，人们会选择所在城市或相邻地区的专业博士项目，生源的多样化因此受到影响。因为备考、上课和工作等都要兼顾，本市或附近的专业博士生多不选择集中住宿，即使集中上课期间他们也经常奔波在往返的路上，花费了大量时间精力，而学习投入严重不足。"②

四、专业博士课程设置针对性不强，结构合理性欠缺

专业博士学位的课程设置应以培养博士生的实践应用能力；能够综合运用专业基础知识和研究方法为目标，专业性与实践性应是专业博士学位课程设置的逻辑起点。美国大学专业博士学位课程结构相对更为合理，实践课程内容丰富，体现了专业博士学位突出专业性与实践性的学位特征。课程内容包括核心课程、专业课、选修课、研究方法类课程以及实践类课程，尤其是实践类课程，这类课程基于专业博士已有实践经验进行学术升华和理论分析，因此对专业博士生而言，

---

① 胡纵宇. 教育博士的培养指向：专业性向度与实践性向度. 学位与研究生教育，2014（11）：5-9.
② 胡纵宇. 教育博士的培养指向：专业性向度与实践性向度. 学位与研究生教育，2014（11）：5-9.

是非常急需的，应该在专业博士学位课程结构中占重要的位置和较大的比重。

课程与教学是专业博士培养过程中的关键环节，是专业博士生知识能力提升的关键所在，也是专业博士培养质量得以保障的重点，但我国对专业博士的课程建设和教学方法缺乏足够的重视，也没有根据专业博士学位的属性进行有效的设计。我国专业博士培养普遍存在课程彼此关联度低、学位论文与课程相割裂等现象。在课堂及导师指导过程中，普遍存在重理论轻实践、重知识轻传授能力训练的现象。专业博士的课程设置与哲学博士差异较小，实践型师资发挥的作用有限。教育博士课程设置的内容还不能体现当前教育理论和教育实践的最新水平。群组合作学习、现场调研、案例分析等教学方法的运用还不够充分，有走马观花、难以落地的感觉。在一些培养机构，专业博士培养方案与哲学博士相比，往往只是增加了专业实践环节，对课程体系没有具体的指导意见，这就使得实践性严重弱化。虽然明确导师小组可吸收教育实践领域专家参与，但两类导师的指导地位和参与度严重不平衡，来自实践领域的专家往往是陪衬。

与哲学博士一样，我国专业博士课程跨学科成分少，主流依然是分科教学，以学科逻辑设计课程和教学，单一学科也主导着博士论文的研究范式。专业博士生形成学科的知识体系有其必要性与合理性，但当前专业博士课程设置中一个突出问题就是过于学科专业化，而且缺乏科学与人文精神的深度融合和文理学科之间的交互渗透，不利于培养专业博士生的复杂性创造思维。我国教育领导与管理专业的培养目标是致力于培养具有系统扎实的教育领导与管理理论素养，具有严谨的治学态度和较强的分析批判能力，能够运用相关知识、方法和技术，解决教育领导与管理领域理论和实际问题的复合型、职业型高级专门人才，发展专业博士生多学科审视现实问题的能力，并形成创造性解决复杂社会问题的能力和素养。

具体地分析我国实施专业博士教育单位所公布的关于课程设置的文件，可以发现我国专业博士培养模式中课程设置存在的一些问题。第一，课程结构不合理。我国教育博士开设的必修课的数量和比例远远小于选修课，必修课与选修课的种类不够丰富，可选范围很小。第二，普遍重专业基础知识的学习，轻研究方法类和实践训练类课程。相比第四章典型案例中的高校，我国为学位论文写作奠定基础的研究方法类课程太少，实践训练类课程开设不充分。专业博士学位虽然也强调具备扎实的专业知识，但专业博士学位特点和培养目标决定了专业博士课程学习的重点应该从基础理论知识的掌握转到聚焦于研究方法的学习和专业实践训练上。建立独立、科学、规范且充分体现专业博士学位特色的课程体系仍然是一大课题和难题。

五、培养过程中的合法性危机

第一，传统的哲学博士学位获得者意味着其在某个知识领域中专业性、创造性和知识深度达到该学科领域中的前沿，与实践中的专业发展能力没有必然联系。但专业博士却与之有很大不同，它更关注专业发展能力，这确实挑战了人们对博士学位的根深蒂固的传统认知。社会、教育专家甚至专业博士的培养单位还没有真正把专业博士学位放在学校战略发展的重要位置，还没有同等看待专业博士学位与哲学博士。即使在专业博士教育已经历经百余年的美国，质疑专业博士学位合法性的声音仍然不断出现。人们容易把专业博士关注实践的现象归结为对学术性要求的降低，使得专业博士学位经常遭遇到合法性危机，进而影响专业博士的声誉。但更为关键的是，如果专业博士人才培养中的"专业性"问题不能得到根本性解决，就无法保证和提升专业博士的培养质量，这是专业博士项目的真正危机。部分专业博士培养单位没有组建独立的师资队伍，那么就存在这样的问题：专业博士特有的专业性要求怎样从哲学博士培养模式中分离出来？导师是否愿意并有时间去了解实践需要？学校如何鉴定专业博士的专业发展能力？由于传统观念和评价机制，博士生的学术水平是衡量各博士生培养质量的关键指标，"显然注重专业性和实践性的专业博士项目并不能为学校和教师带来显著的学术声誉。自身工作非常繁忙的导师们也没有办法投入更多精力在专业博士生的'专业性''实践性'培养上"[①]。

专业博士学位还没有成为社会职业岗位任职资格。专业博士学位是不是社会职业的任职资格，对专业博士教育的发展非常重要。没有这个衔接制度就会影响专业博士学位在社会上的地位，会使专业博士教育缺乏足够的发展动力，也会挫伤部分社会专业人士的学习积极性。我国教育行政部门应该联合相关行业协会，

---

① 胡纵宇. 教育博士的培养指向：专业性向度与实践性向度. 学位与研究生教育，2014（11）：5-9.

尽快建立完善的相关行业职业岗位的任职资格和入职门槛要求，建立更高标准的劳动准入制度，以此推动社会职业专业化水平，推动专业博士教育的良性发展。

第二，目前我国招收专业博士的高校往往以单一的博士入学考试作为衡量标准。这种单一的选拔方式难以全面考查申请者的综合素质，且很容易把反映考生对基础专业知识掌握程度的分数作为录取的唯一标准，从而忽视了对申请者科研能力、实践能力等综合素质的考查，并且容易过滤掉一些具有发展潜力的优秀博士生。当前，我国专业博士招生普遍采用与哲学博士招生类似的方式，考试科目基本相同，主要考查考生对学科专业理论知识的情况，以考试成绩作为录取标准。这种招生考试制度不符合专业博士倾向于专业性、实践性的学位特征，忽视了考生专业实践能力的考查，忽视了职业发展的潜能，说到底，这种做法与专业博士学位的培养目标并不一致。

通过研究世界知名大学专业博士学位的招生录取环节发现，其高校非常重视对申请者综合素质的考查。虽然各校对专业博士的入学要求各不相同，但都要求提供书面的自我陈述和研究计划，这两份材料对于考查申请者对专业发展的认识、对专业博士教育的思想准备都非常重要，能够非常好地反映申请者的学术志趣和学术潜力。我国专业博士招生考试往往更重视对学科专业的基础理论的考查，缺少对申请者的实践能力和未来的重要发展方向考查。

第三，我国专业博士质量保障体系和监督机制有待完善。由于专业博士是在哲学博士发展之后建立的，因而在师资储备上不足，缺乏具有丰富实践经验的教师和导师，在专业博士培养方案设置、教材建设、教学方法等方面，还没有形成适应专业博士教育要求的多样化、特色化的模式，专业博士教育最基础的质量保障体系建设尚需加强。在监督机制上，目前我国尚未制定问责机制，且各部门缺乏切实有效的监督计划和措施，尚未建立专业博士用人单位的信息反馈机制，培养单位与用人单位彼此隔离，社会力量也难以介入专业博士的招生和培养，无法对专业博士教育进行过程监督。

第四，培养目标缺乏对培养规格的详细描述。目前我国的专业博士往往是大一统地抛出一般性规定，专业博士主要面向特定职业培养应用型高级专门人才，这是一个非常笼统的说法。对其专业知识、专业能力究竟有什么维度，需要到达什么水平，都没有更详细的说明。有些高校更没有根据不同的专业设置针对性强的培养目标，培养目标也缺乏详尽的说明。某大学有教育博士课程与教学、学校领导与管理两个不同的专业，但其培养目标却完全相同，主要是因为其培养目标都是笼统的，没有具体规定不同专业的专业能力及其应该达到的程度。这种模糊不清的培养目标使得培养过程中缺乏可行的参考标准，有的学校按照哲学博士的培养目标实施专业博士，往往使学校的培养目标与培养结果大相径庭。

第五，教学方法陈旧，不适合专业博士生的实际。我国专业博士教育存在教学内容落后、教学方法呆板的现象。目前，在我国专业博士生的培养过程中，教师大多沿袭传统教学方法，以教师进行课堂讲授为主，专业博士生参与课堂教学的成分较少。一些教师按照学科知识的逻辑，讲解学科理论知识，这固然重要，但对学科理论弱、实践能力强的专业博士生而言，这并不是最好的教学方式。专业博士生需要更多贴近现实的案例分析和更多自己参与的实践锻炼，希望通过研讨和经验分享等方式与同学构建学习共同体，与导师构建学术共同体。偏重学术研究的大学教授往往擅长讲授法，但这种教学法却难以充分提升专业博士生应具备的专业实践能力，"学者-实践者"悖论一时难以克服。这种情况下，任课教师和指导教师要尽可能地把专业博士生的实践经验丰富的优势发挥出来，就他们的实践施以理论教育，使其实现实践与理论的贯通。就专业博士生而言，他们应补齐专业理论知识欠缺这块短板，提高专业理论水平，使自己真正成为研究型专业人员、专家型从业人员。

第六，课程设置重理论轻实践。课程设置与实施是实现专业博士培养目标的主要手段，因此，我国专业博士培养模式优化与创新的突破口是课程设置，当然课程设置的前提是教师队伍。纵观我国各高校设置的专业博士课程体系，可以发现其课程数量比欧美要少得多，而且以学科理论课程为主，研究方法与实践类课程非常少。专业博士课程设置与哲学博士基本相同，没有针对专业博士生不同研究方向的课程体系，不同专业方向的博士生的课程没有区别，个性化专业博士培养还只是一个概念而已。在我国部分教育博士的课程设置中，"研究方法类课程的学分仅占总学分的1/5，而实践类课程的学分还不到总学分的1/3。除了所占比重较小之外，实践类课程的学习基本流于形式，博士生是否真正进行专业实践，并在实践中熟练运用研究方法，学校并没有相关规定，只需在最后上交研究报告即可。模块课程结构缺乏内在的合理性，理论课与必修课程偏多，且课程内容几乎与哲学博士相同，明显偏离了专业学位'实践性'的逻辑出发点，致使专业学位个性难以显见"①。这样的课程设置忽视了博士生对研究方法的学习、运用以及专业实践能力的培养，偏离了专业博士的培养目标，"学术性有余，实践性不足"成为基本现状。

理论与实践不是相互割裂的两极，专业博士培养机构应该继续努力把理论与实践结合起来，把专业博士生的实践经验与大学学者的最新理论结合起来，使二者都能成为贯通理论与实践的专家。

第七，师资力量配比不足，校外力量参与欠缺。在师资方面，我国专业博士教育以及高校对此并未做好充足的准备，表现为专业博士师资力量不足。具有丰富职业实践经验的指导教师短缺是当前专业博士教师队伍建设面临的最大问题。我国应加强来自校外实践一线的教学和指导教师队伍建立，因为他们能够很好地弥补高校教师学术性强但专业性弱的不足。一些学术型导师在指导专业博士生时并没有做出足够调整，没有按照专业学位的特点和专业博士生的实际重新设计培养模式，大多是把培养哲学博士的模式直接移植过来，造成专业博士生的"水土不服"，导致学生主体性和参与性不强，专业博士生按照教师和导师的既定模式进行学习，参与自己培养方案的实践机会较少。事实上，专业博士生的导师和教师大多是学术能力较强的学者，大多从事基础理论研究；部分专业博士生缺乏参与这类研究的兴趣和能力，因为无法从中获得与自己博士论文选题直接相关的帮助和训练，导致无法按时完成博士论文、学业延期问题不断加剧。

单就工程博士而言，行业企业参与工程博士教育的激励政策严重不足。与教育博士等文科领域的专业博士学位相比，工程博士的培养成本较大。一名工程博士生一年的培养成本为10多万元，培养的总成本为40万—50万元，这对企业来说是笔不小的支出，而且工程博士的培养周期较长，工程博士生毕业后还存在流失的可能性。因此，很多企业参与意愿不强，也不愿意派人去接受工程博士教育。对于接收工程博士毕业生，很多企业由于缺乏对其学位性质和质量的充分认识，也并不积极。因此，校企合作培养工程博士的体制机制亟待创新突破。作为一种应用型学位，工程博士强调博士生能够运用前沿理论与方法解决企业工程中的实践问题，但大多数培养单位依然沿用模仿工学博士的培养模式，过多强调理

---

① 吕途. 英国教育博士的培养研究. 广西师范大学硕士学位论文，2015.

论学习和科研训练，工程博士生实践训练依然薄弱。这种培养模式下的工程博士生，其创新能力滞后于产业发展和技术的更新换代。新兴战略产业的迅猛发展要求高层次应用型工程博士，但是工程博士的原始创新能力与国家战略和产业需求有相当距离。究其原因，当前工程博士在顶层设计上面向复杂问题的跨学科课程体系设计不足、校地校企深度融合不够。在实践环节上，创新校企深度融合的举措不多，亟需打破课程和师资的屏障，整合新模式创新平台资源。我国可以学习借鉴英国的做法，建立工程博士实践基地和研究中心，吸纳企业资金投入，同时需要制度设计和激励措施对此进行保障。

第八，学位论文与学位授予更看重学术。毕业延期和不能毕业越来越成为专业博士发展的痛点。培养目标的模糊性和培养过程的粗放化造成教育博士毕业困难。同时，很多教育博士项目把科研论文发表作为进入论文答辩的前提条件。由于教育博士生理论基础相对薄弱，他们虽然经过一年的课程学习和科研训练，仍然难以完成有学术价值的学术论文。"2010—2013 年全国范围内录取的 813 名教育博士生中，2017 年 9 月以前延期或正常毕业，获得学位的人数仅 172 人，占录取人数的 21%。"[①]教育博士从 2009 年开始招生培养，截至 2021 年，授予 780 人教育博士学位，4 年内的毕业率很低。这既与博士论文的要求标准高有关，更与整个培养指导过程的质量有关，我国专业博士课程与教学相对薄弱是不争的事实，培养环节不能环环相扣，导师指导不足都是造成专业博士生不能按时毕业的关键因素。专业博士一般采用"学位论文为主，课程学习为辅"的培养方式，更关注毕业论文的选题和撰写。以顺利合格毕业为导向努力写毕业论文、发表学术论文成为专业博士生的主业，在很大程度上忽视了专业博士生培养中的重要环节——课程学习和科研训练，这不仅不利于专业博士生的成长，而且使专业博士的学位论文缺乏专业学位的特色，缺乏实践性，变得趋同于哲学博士论文。"教育博士专业学位论文则要求以教育实践中的关键问题为中心，强调运用所学理论和方法分析问题、解决问题，注重研究的实践意义，并通过实践探索创生知识。"[②]我国

---

① 蔡芬，曹延飞，顾晔，等. 教育博士生延期毕业影响因素的质性研究. 学位与研究生教育，2020（3）：46-52.
② 张斌贤，文东茅，翟东升. 我国教育博士专业学位教育的回顾与前瞻. 学位与研究生教育，2016（2）：1-6.

教育博士培养要落实培养目标，指导学生选择实践问题，探讨问题解决策略，避免理论与实践脱节。

撰写完成专业博士学位论文是非常有必要的，因为它对提高专业博士学位的社会声誉、保证基本的教育质量都有重要意义。要加强对专业博士学位毕业论文的指导，加强对专业博士生研究方法的训练和研究选题的培训，为他们毕业后开展创造性工作做好预备。教育博士生不再仅仅是教育研究者、教育领域新知识的生产者和传播者，更是学校组织变革和教育变革的推动者。

我国应该充分借鉴国外在专业博士论文指导方面的经验。例如，美国在专业博士生培养中"采取小组集体合作项目的形式来取代传统的学位论文，每一位教育博士生的论文都是个人和合作项目的组合，且更加注重加强与实践领域的协作"①。我国教育博士指导过程中，虽然很多高校实行导师组制度，但"一对一"的导师负责制还是主要的指导方式，导师组其他成员尤其是实践导师的参与度非常低，两类导师对专业博士生的指导还没有形成合力。由于专业博士生的差异性大，专业博士的指导更应具有个性化特征。但调研中发现，专业博士培养过程中，师生之间、博士生之间的互动交流不充分；专业博士论文在选题上并没有充分反映专业博士学位的特点和优势，没有充分关注一线实践问题，并且研究范式仍然是沿袭哲学博士论文的路线。由此看出，我国专业博士的培养模式对哲学博士培养模式的高度依赖，无论是培养方案的制定、论文选题、质量评价等都以哲学博士为蓝本。

没有建立专业博士培养模式的特色，也反映了质量意识不强的问题。在实施专业博士培养过程中，较少有高校将专业博士教育管理纳入全校研究生教育管理的工作范畴，更少制定专门的质量标准和自我评估体系。为了推进我国专业博士学位的发展，就必须对两种类型的博士学位的培养模式和质量标准加以明确区分，"分而优"应该成为基本的发展思路，通过建立基于专业博士学位自身特点的质量标准实现专业博士培养模式的科学定位，建立经得住历史考验又符合实际的质量标准，是当前发展专业博士教育的重中之重。

第九，基于市场需求的产教融合机制还不成熟。产教融合育人机制涉及多种

---

① 王亮，郭丛斌. 教育博士专业学位研究生培养质量满意度研究——基于某综合性高校教育博士研究生就读体验调查的实证分析. 学位与研究生教育，2020（4）：52-59.

价值观的融合，我国专业博士教育还没有真正形成"政产学研"多方协同的办学理念和实施路径。专业博士培养的根本出发点是基于社会和用人单位的实际需求和质量要求，必须处理好高校、博士生与政府、行业企业之间的多元关系。当前专业博士质量保障体系往往是培养单位的"一厢情愿"，政府和行业企业参与得很少。由于专业博士生博士论文的研究内容与企业需求并不相匹配、政策约束力小等原因，校企合作专业博士人才培养基地大多没有充分发挥出应该有的理论与实践相结合、检验和提升理论的重要作用。全国专业学位研究生教育指导委员会是国务院学位委员会、教育部、人力资源和社会保障部领导下的专家组织，是一个很好的行业专业组织，但实际上是由高校学者专家组成的群体，一些专家对学科基础理论知识的要求、对学术型博士培养模式有思维定势，不可避免地参照哲学博士的培养模式和质量标准，造成对专业博士生的要求与哲学博士生趋同。如果企业用人单位无法参与到专业博士教育和质量监控，就不能反映实践一线的真正需求，导致校企合作的成效不如人意。从与市场主体关系看，专业博士培养机构与相关企业行业关联性不强。

第十，我国专业博士教育长期缺乏具体配套政策支持也是一大问题，不能很好地实现专业博士学位与职业任职资格的衔接。国外专业博士学位发展的一大基础就是将专业博士学位与相关职业资格准入相关联。我国专业博士学位与职业任职资格的衔接由于行业企业没有完全参与到专业博士人才培养的过程之中，而且培养过程往往带有浓厚的学术色彩，毕业论文通常并没有针对现实问题开展，对实践没有直接作用，因而专业博士培养过程没有与职业标准和职业准入资格建立足够紧密的关联。这进一步导致专业博士学位的社会认可度低，毕业生进入工作环境后难以明显改善现实，其待遇也未能得到显著提高，从而影响了在职人员报考积极性。这个问题的背后，是社会不同系统之间的关联还不够顺畅。高校的人才输出地应该为毕业生谋求合适的出路。用人单位应该主动与高校接洽，把自己的需求告知高校。行业作为一种行会组织，应该在中间架起桥梁。政府是最有公信力的组织机构，更应该本着以人为本的理念，主动为这个社会系统的和谐稳定繁荣发展做好服务。

第二节 创新我国专业博士教育的路径

针对我国专业博士培养中存在的问题，本节对国外专业博士培养的经验进行系统研究与批判性借鉴。根据我国专业博士存在的问题，我国应该在法律保障、培养目标、招生选拔、培养过程、双导师队伍建设、外部协作、质量保障、结构规模、质量效益、组织机构十个方面探索创新我国专业博士培养模式的路径。

一、通过立法建立完善的法律保障

（一）加强与专业学位相关的顶层法律法规建设

鉴于我国专业学位研究生教育缺少高位阶的法律制度保障，非常有必要尽快修订《中华人民共和国学位法》《中华人民共和国学位条例》，并在新修订的《中华人民共和国学位条例》中增列专业学位的设置目录，明确专业学位研究生教育应有的合法地位，从国家法律上明确专业博士学位在国家学位体系中不可或缺的重要地位，以便建立一套完善的人才分类培养体系及管理运行体系。在《授予博士、硕士学位和培养研究生的学科、专业目录》中应进一步明确专业学位与学术学位的差异性和独特性，逐步建立并不断完善专业学位的体系结构和制度体系。在法治社会，要想可持续发展专业博士教育，就必须在国家法律法规中赋予专业博士学位合法、合适的地位，并界定其学位的属性和社会适应性，以便为后续招生、就业、认证等提供法律保障。

（二）不断深化对专业博士教育重要性的认识

更加重视和发展专业博士教育既是进一步完善高等教育办学体系、治理体系，提高我国高等教育治理能力和国际竞争力的必然要求，也是改革与创新发展我国学位与研究生教育的内在需要。要想彻底改变传统上只重视哲学博士、轻视专业博士的观念，就要努力做到对二者"同等对待""差异发展"，即逐渐使二者拥有"同等地位",同时加大差异化特色发展的力度。各级政府也要引导社会尤其是用人单位转变对专业学位的偏见,充分发挥专业博士学位的社会适切性强、实践能力突出的优势。各专业博士培养单位要进一步转变教育观念和办学模式,充分认识到专业博士教育的独特意义,使专业博士教育有更加广阔的发展前景。

前文所述我国专业博士培养存在的问题,其根源是对专业博士本质属性的认识存在偏差,尤其集中体现在如何处理好学术性与实践性这对矛盾上,这对于专业博士的合法性存在及可持续发展至关重要。为此,必须强调"实践性是教育博士区别于教育学博士的本质属性"[①]。实践贯穿教育博士培养的全过程:实践性目标引导、实践性课程主体、实践性教学贯通、实践性论文评价,旨在培养学术型实践者。通过这种实践浸入式的学习与研究,培养能够解决实践问题的"研究型专业人员",对接教育博士的培养目标与教育博士的就读期待。

对于实践能力强、理论水平弱的教育博士生,既要发挥其优势,也要补其短板。事实上,学术性与实践性并非两难选择,像教育学这种实践性强的学科,必须坚持理论联系实践的原则,但理论学习的最终目的是解决实践问题。理论的最终价值体现在对社会发展的贡献上,虽然可能有滞后性,但对创新精神和创新能力的形成与发展都应该是有积极意义的。

专业博士教育是一个系统工程,需要导师和学生在入学之初就对培养目标有统一的认识。2008年出台的《教育博士专业学位设置方案》明确指出,"教育博士专业学位不同于教育学博士学位,具有鲜明的实践特性和职业导向"[②]。笔者考察了我国一些教育博士培养机构对教育博士的界定,发现南京大学教育研究院对教育博士的界定具有代表性:"教育博士专业学位是一种实践应用型学位,主要面向各级各类学校管理人员和中小学一线的教师,以'立德树人'为培养中心,培养以思想政治素质、科学人文素质和身体心理素质为'一体',融理论与实践为'两翼'的高层次、应用型专门人才。通过高水平的专业教育和训练,使学生具有开阔的理论视野、扎实的专业知识和研究方法,探索性地研究和解决更为复杂实际问题的技能,能够研究并解决我国各级各类教育发展中的重大难题、

---

① 张斌贤,文东茅,翟东升. 我国教育博士专业学位教育的回顾与前瞻. 学位与研究生教育,2016(2):1-6.

② 张斌贤,文东茅,翟东升. 我国教育博士专业学位教育的回顾与前瞻. 学位与研究生教育,2016(2):1-6.

教育工作中所遇到的实际问题,促进对专门职业领域的知识和实践作出贡献。"①应该说,这种对教育博士的定位与前文对美国教育博士最新培养模式的研究结论是一致的。

(三)逐渐建立完善的宏观调控政策

完备良好的制度供给是有质量发展专业博士教育的基础。与美国教育自下而上的推动方式相反,我国专业博士教育的开始与制度设计都是"自上而下"推动的,而且要应对当前的难题,仍要靠"自上而下"的方式加以改变。比如说,要加大引导校外力量参与专业博士培养制度的设计和培养过程。可以通过校企合作,开展订单式定向培养,不断密切校地校企关系。我国应该密切关注产业需求,为适应中国工业4.0和提高高新企业研发能力的需要,设立智能制造、研究开发与管理等领域的专业博士学位,加强现代科研方法的训练,培养科技创新、人工智能等领域的领军人才。比如,简单、积极、可行的路径是在工商管理硕士的基础上设立工商管理博士,培养具有创新能力、全球视野的卓越管理人才。根据我国的国情,继续下放专业博士的审核、审批权限,鼓励高校自主探索其专业博士学位的培养模式,突出服务经济社会发展的实际需要。

在专业博士学位管理体制方面,我国应继续扩大省级政府对辖区内研究生教育的全面统筹权力,提高其对专业博士教育的规划能力,赋予全国专业学位教育指导委员会的教学指导和质量监督职能,落实高校开展专业博士教育的自主权。在政策目标方面,我国应尊重专业博士教育的独特发展规律,制定专业博士教育独特的质量标准。根据专业博士学位独特的社会功能、组织形式、学位授予标准等,在培养要求与评价标准方面规定并切实突出专业博士教育的专业性、实践性和复合性要求。根据不断变化的外部需要,修订符合学校实际的各专业博士学位培养方案。切实根据各专业博士学位各专业方向的具体培养目标,精确确定各专业博士教育的毕业要求和质量评价标准。

尽管国家文件对专业博士培养目标给予一般性指导性的规定,但还需要各专业博士教育的实施单位根据自身条件和专业要求制定更为详尽实用的培养方案,

---

① 南京大学教育研究院教育博士(Ed.D)培养方案(2020年5月修订)。https://grawww.nju.edu.cn/43054/list.htm. [2022-04-25].

克服教师和导师对专业博士培养目标理解和认知的偏差。而且专业博士生导师同时是哲学博士研究生导师，他们长期从事学术指导和研究训练，指导专业博士生的专业实践及专业发展的能力相对缺乏，导致专业博士培养模式与哲学博士趋同，在项目定位和价值取向方面缺失实践性。为此，专业博士的项目定位和价值取向应进一步明确学术性和实践性，凸显实践性。与此相适应，需增加实践性课程的比重，增强课程教学的实用性，聘请实践人员参与项目设计、招生、知识体系的架构、课程设置、课堂教学、课业训练、实践训练、论文指导乃至毕业就业、终身发展等全过程。

各培养单位要着力建设独立、系统的专业博士培养方案，以确保专业博士教育契合实际，并遵循自身特殊的发展规律。为促进专业博士教育的"标准化"，国家专业博士教育管理部门要对培养目标、培养过程、毕业要求及质量评价设置相对统一的标准。各培养机构还要"充分发挥市场对专业博士教育的引导作用，努力挖掘市场实现职业特性的潜力，将市场尤其是就业市场的积极力量引入专业博士生教育过程之中"①。

（四）扩大专业博士教育的规模

在一定意义上，我国专业博士教育存在的很多问题与各培养单位专业博士培养规模过小有关，规模小就难以产生显著的效益，难以引起培养单位的充分重视。比如，要求教育博士生与教育学博士生一起授课的原因主要是由于教育博士生人数太少，也进一步导致没有建立专门的专业博士导师队伍。扩大专业博士教育规模，不仅指培养博士生规模的扩大，还包括校外教学及导师队伍、校外协同办学力量、行业企业参与力量的增强。因此，可以重点从四个方面做出努力：其一，适度扩大专业博士的招生规模，尤其是那些社会亟需的学科专业领域；其二，高校制定专门的专业博士学位导师培养培训制度，加强实践型导师的选拔与培养，确保专业博士教育的规模扩张能够有充分的师资队伍基础；其三，对专业博士生导师的职称晋升、绩效评价制度进行再设计，目的是使其工作性质与专业博士学位相适应，进一步调动导师的积极性；其四，通过顶层设计全面拉动和提

---

① 李雪辉，罗英姿."沼泽"还是"高地"：专业学位博士生教育发展误区探析.复旦教育论坛，2020（1）：53-58.

升全校从事专业博士教育的氛围，吸纳多种校外力量参与专业博士培养过程，吸引行业企业的实践人才共同承担专业博士培养任务。

二、培养目标更加突出专业学位的属性

明确的培养目标定位是专业学位教育发展的前提基础。在教育实践中，应充分认识到专业博士教育的重要性和特殊性，坚持以培养高层次应用型人才为目标，制定有别于哲学博士培养模式的工作方案，从而使专业博士真正成为具有独自存在价值的特色型学位，促进专业博士培养与经济社会发展实际需求的紧密联系。如果专业博士培养模式与哲学博士培养模式高度雷同，就没有新设一个学位类型的必要，只需扩大哲学博士的培养规模。正是因为要培养不同类型的人才、适应社会不同的需要，才新设专业博士学位类型。

我国应加快分类构建专业博士培养模式。专业博士教育需要构建独立的培养模式，这在国内外学界已经达成共识，也是基于国内外专业博士教育实践中出现的教训、产生的合法性危机给出的建议——不仅要构建一套不同于哲学博士培养模式的规章制度和运行规则，还要强调针对不同专业领域和专业方向的博士生制定和实施不同的培养模式。借鉴国外经验，我国专业博士教育应以导师组制或双导师制代替现在普遍采用的单一导师制，尤其是吸纳实践能力强的一线工作者加入课程教学和论文指导等过程中。高校还要根据不同专业生源的不同情况，加大个性化培养的力度，从课程设置、科研训练、实习实践、师资安排、学制、论文形式等方面着手，构建更有针对性的培养模式。

专业博士的实践性不应被单向度地理解为对学术知识、研究成果的应用，还包括博士生对教育实践批判和解释能力的培养，能从教育学视角出发对根植于现实的问题做出专业性的判断和决定，因此专业博士的培养体系应超越传统的知识应用导向模式，将实践能力融入培养过程中。专业博士实践能力的训练对培养目标的实现有重要作用，专业博士实践能力不仅包括职业实践能力，而且包括专业研究能力。[①]这也是专业博士作为"博士"层次学位的应有之义，不过与哲学博士侧重基础性研究能力的训练不同，专业博士主要针对的是面向实际问题的应用

---

① 马爱民，李永刚. 我国教育博士专业学位研究生培养状况调查研究. 国家教育行政学院学报，2015（3）：73-79.

研究能力。

所以专业博士应进行育人机制的创新,并应加大对课程建设以及教学方式的变革。在课程建设上除了基本理论与学术能力的培育外,要真正将专业实践能力摆在突出位置,设计以实践为导向的课程体系,突出个性化的课程方案,其中可以借鉴国外世界知名大学的"模块课程"、跨学科课程以及研讨课程等形式对现有课程结构进行改革。在教学中,也应突出团队学习与实践反思,以现实问题为导向从而探求其教育理论根源,提高问题研究的能力,将理论与实践有效融合。[①]只有按照专业博士学位的本质属性、按照专业博士教育的基本规律,才会按照专业博士学位的逻辑办出有较高质量的专业博士教育。

三、招生选拔更加倾向于对实践能力的考查

招生选拔中,要注重考查考生的专业水平和工作业绩、理论素养和专业发展潜质,降低英语成绩在评价体系中的比重,注重复试,甚至采用入学申请制的选拔方式,从而形成针对性较强、较为合理的生源评价和选拔标准。在招生环节,还要注重实践性,扩大招生单位招生的自主权,着重考查考生的工作实践能力和研究潜质。[②]一般而言,大部分专业博士申请者的学术功底相对薄弱,理论水平相对较低,所以培养单位应正视这种现实,努力发现那些实践经验丰富又有理论研究兴趣和潜力的候选人,他们是理想的招生对象。

考试科目和内容要紧紧围绕培养目标,着重考查博士生的综合素质和能力。加大招收应届专业硕士毕业生的数量,建立专业学位自己的结构体系。高校要破解专业博士与哲学博士趋同这一难题,不能简单复制或降低专业学位的学术标准,而应寻求一种与学术学位专业研究生教育相对不同的学术标准——应用性学术标准,并在招生和培养等各个环节中渗透这一标准。在招收专业学位研究生过程中,高校要注意选拔具有一定应用性创新潜质的可造之才,通过更换考试内容,设置不同考试科目与录取标准建立起与学术学位研究生教育相区别的考试招

---

① 陈大兴,张媛媛. 教育博士与教育学博士发展趋同的多维解读. 研究生教育研究,2019 (1):53-58.
② 马爱民. 国际比较视野下的教育博士发展研究. 华东师范大学博士学位论文,2013.

生体系[①]，应侧重对教育博士生职业发展能力的考查。

招生录取是专业博士教育中的第一关，录取到真正有潜力的优秀人才，是保障专业博士教育质量的基础。各培养单位应在国家招生制度框架下，根据各学科专业的特点制定自己的招生选拔办法。一般而言，我国各专业博士招生单位应对申请者在本科和硕士阶段的学术成绩、工作实绩等进行综合考察，以保证专业博士的生源质量。同时，我国专业博士招生要重视对申请者的研究能力、实践能力等综合素质的考查。普遍采取"初试笔试加复试面试"的形式或"申请—审核制"，普遍的原则应该依据专业博士学位的属性，遵循以考查申请者的专业实践能力为主、以考查学术能力为辅的原则，综合考查其全面的素质和潜力。而我国高校在专业博士学位的报考资格中，往往只对申请者的学历以及工作经验两方面的情况进行考查，忽视了对申请者的研究能力以及实践能力等综合素质的考查。专业博士学位本质上是一种职业型、实践型的学位，在专业博士学位的招生环节不应以单一的入学考试作为人才选拔的方法。例如，美国一流大学除了医学博士以外均未设置专业博士学位研究生入学统一考试，全部采用"申请制"的形式进行招生。

从全国范围来讲，建议实行精英教育模式，控制专业博士招生数量与规模。这就需要在当前专业博士培养总规模的前提下，减少培养机构的数量，聚焦在培养条件最充分的高校内；而且由于当前我国专业博士候选人群非常庞大，严格选拔而来的专业博士生应该得到精英化的培养。专业博士教育无论在国外还是国内，都是一种精英教育。在招生环节要坚持择优录取的原则，要注重人才培养的质量，要坚持少而精的培养原则。调查研究结果显示，每年都会有数千人申请美国一流大学专业博士学位，但最后只有少数极为优秀的申请者才会被录取。无论申请人数多少，哈佛大学法学院常年固定招收10—12名法律博士，这是美国一流大学严格执行精英人才培养模式的最佳体现。我国专业博士的教育目前还处于发展的初级阶段，切忌盲目扩大专业博士学位的学科授予范围和专业博士的招生数量。我国高校应以国家政策、学校的学科分布以及社会需求为导向，合理确定招生规模和人数，坚持精英人才的培养模式，在招生环节严格把关，确保专业博

---

① 徐东波. 我国专业学位研究生教育的本质属性、发展误区与变革路径. 现代教育管理，2020（10）：100-105.

士人才培养的质量。

四、培养过程更加注重实践能力的培养

与哲学博士生相比,专业博士生通常具有丰富的实践经验,部分专业博士生甚至是实践领域的资深专家,他们更加关注工作实践中的具体问题。因此,如何将理论知识创造性地运用于实践对其职业发展至关重要。[1]明晰博士学位课程与本科硕士阶段的课程的差异,能够提高课程衔接度,避免同一学科课程存在过多重复。现阶段的专业博士课程设计较为随意,课程重复率仍然不低。针对此问题,一方面,从课程制定前期而言,院系内部应通过课程评估确定某课程是否纳入博士课程,并对课程的层次和类型加以区分;另一方面,从课程制定过程来看,培养单位应鼓励博士生积极参与研究生培养方案、课程建设和评估工作,考虑到博士生来源的多样化,将其切实需求纳入课程制定和教学方式的考虑范畴,有利于课程安排更加人性化和多样化。此外,每学期选课前,各院系应将待选课程的课程目标、授课对象、课程内容、教师信息等公开,便于博士生在充分了解课程主旨的基础上进行选择,降低课程选择时的盲目性。[2]

课程设置以实践性为导向,强化实践训练。我国专业博士学位的使命是培养具有精深的专业知识、能够独立从事科学研究、实践能力较强的复合型高级专门人才。专业博士学位的课程必须围绕这个使命展开。课程体系必须以适应职业需求为目标,以提升专业博士生实践能力为核心。教学内容要突出实践研究,强调理论与实践的有机结合;要重视培养博士生的实践问题研究能力;要做到理论学习与实践训练有机结合。我国专业博士学位自产生之时,其课程设置就以哲学博士为参考,未能体现专业博士学位的固有特色。专业博士课程目标应指向"会做",即博士生应该利用所学知识、科研能力以及实践经验解决实际存在的问题。从目前的课程安排情况来看,"双一流"建设高校在课程设计中应增加研究方法课程量,在课程监测中加强对各院系课程的过程性评估,关注课程内容的深

---

[1] 王亮,郭丛斌. 教育博士专业学位研究生培养质量满意度研究——基于某综合性高校教育博士研究生就读体验调查的实证分析. 学位与研究生教育,2020(4):52-59.

[2] 包志梅. 我国高校博士生课程设置的现状及问题分析——基于48所研究生院高校的调查. 研究生教育研究,2021(2):53-60.

度、前沿性和跨学科性，防止因高校教师科研压力大、时间分配失衡而涌现大批"水课"。此外，考虑到各学科特性，人文社科比理工科更依赖课程对博士生的培养的基础性作用。[①]

借鉴国外的经验，我国专业博士培养中应充分重视课程与教学的重要性，优化课程结构和内容，创设适合专业博士生的独特的教学方式，建构问题导向的新型课堂教学模式。明确培养目标，规划课程体系。同时，要把"研究型专业人员"的培养目标作为设计与实施课程体系的根本依据。要做好课程体系的系统规划设计，以课程模式的形式跨学科设置核心课程，加强研究方法、案例剖析、学术研讨、学位论文指导类课程，并加强课程体系之间的相互关联和渗透。课程只有成为一个相互关联的体系，才能通过课程教学帮助专业博士生建构学科专业的视野、理论大厦、专业能力、综合素质。支离破碎的课程给学生的只是一些碎片化的知识，其价值不大，也无助于专业博士生的专业发展。

就教育博士而言，其专业实践性要求培养过程不是从基础学科的历史、理论和研究入手，而是确定教育领导者在不同教育环境中的任务。这种倒推式的项目设计使得培养更具针对性和可操作性。在美国对教育博士改造的讨论中，研究者首先考察了教育领导者所需的知识技能，项目目标则专注于对这些知识技能的培养。课程与教学的重点是识别教育领域存在的"真实问题"，从而避免对关键问题的误诊，并将这些关键问题凝练成研究议题，进行科学的剖析和探究。这种以实践问题为基点的项目设计符合教育博士生本身的优势，也是其毕业后职业发展的必然要求。如果忽视这个基点，就可能把教育博士生"绑架"到一个陌生而艰难的学习过程之中。

我国应重视专业博士生的实践训练。"实践训练是专业博士培养过程中重要的教学环节，充分的、高质量的实践训练是专业博士教育质量的重要保证。"[②]在专业博士的培养过程中，高校必须保证不少于一年的实践训练，并增加实践环节的学时数和学分数。实践训练结束后，要求博士生提交实践学习总结报告，重点考查专业博士生的专业反思能力。各专业博士培养单位必须充分认识到实践训练

[①] 包志梅. 我国高校博士生课程设置的现状及问题分析——基于48所研究生院高校的调查. 研究生教育研究，2021（2）：53-60.

[②] 曹雷，才德昊. 全过程与系统化：专业学位研究生实践能力提升的有效路径探析. 中国高教研究，2018（1）：87-91+97.

的重要性，可借鉴美国一流大学的做法，组织专门人员对专业博士的实习环节进行考查监督，以确保其实习质量，不能因为专业博士生已是实践方面的专家就忽视专业实践环节，这是完全不同的两码事。专业博士培养模式中的实践训练环节，是为了检验专业博士生前期在理论型课程、研究方法课程中的收获，是把理论与实践结合起来的环节，是最好的专业实践反思的环节，是一种全面能力提升的环节。

我国应重视专业博士课程体系设置。"专业博士课程强调学术知识、技能知识、跨学科知识和批评性知识的交叉与整合。"[①]"必须以课程改革为突破口，在架设课程结构时，要突出综合化、实践化和职业化特点，注意模块之间的逻辑关联与有机衔接，认真考虑理论课与实践课、必修课与选修课的合理布局；课程内容具有高度的社会适切性和有效性。此外，应该打破学科壁垒，以博士生职业目标为导向，下大力气开发必要的'跨学科''跨学院'及'跨学校'课程资源，以使博士生在解决实践问题时不但具备跨学科视域和思维，同时善于运用多学科理论与方法，引导博士生收集新信息，研究新情况，解决新问题，适应不断变化的形势。"[②]就跨学科课程的制定、实施而言，"跨学科课程是按照跨学科人才培养目标，根据特定项目的需要由多学科教师一起专门设计形成的，多部门专家合作指导一个跨学科项目，其中包含多个社会主题，这就要求课程活动大多是多学科融合和多学部/学院联合制定实施的"[③]。就跨学科设置课程的方式而言，"跨学科课程包括两层含义：其一为狭义，指的是相对于传统的学科课程而言，在性质上属于跨学科的课程；其二为广义，指学生通过课程的跨学科组合，即修习多个学科特别是其主修专业之外的课程，从而使课程结构呈现跨学科的特点"[④]。狭义的跨学科课程也可被称为单一的跨学科课程、单一课程模式、课程内容的多学科设计。广义的跨学科课程也可被称为跨学科课程体系、项目课程体系模式、课程体系的跨学科建设、课程的跨学科组合。本书所提的跨学科研究生课程是指

---

① 周富强. 英国专业博士教育发展研究. 清华大学教育研究，2006（4）：84-88.
② 魏玉梅. 美国教育领域专业博士学位制度设计及其启示——以哈佛大学"教育领导博士"专业学位项目为例. 研究生教育研究，2016（2）：85-90.
③ 徐岚，陶涛，周笑南. 跨学科研究生核心能力及其培养途径——基于美国 IGERT 项目的分析. 学位与研究生教育，2018（5）：61-68.
④ 张晓报. 独立与组合：美国研究型大学跨学科人才培养的基本模式. 外国教育研究，2017（3）：3-15.

针对研究生阶段开展的、以课堂教学为主但也包含其他教学形式的、围绕多学科复杂问题组织课程内容的系统性教育教学实践活动。

专业博士课程开发应从职业世界向学科内部辐射；课程设置应围绕职业发展需要，以职业能力和综合素养的提高为核心；课程内容应提供学术与实践的知识，反映理论发展动态和实践领域最新进展。这样，专业博士生通过课程学习，既可以形成职业要求所需的知识体系，养成高层次应用型人才所需的开拓性思维方式和多视角分析问题的习惯，提高专业工作的能力，勇于应对实际工作中复杂而多样的挑战，又可以灵活、及时地将学到的理论、方法和技术应用到社会实践中，迅速转化成现实生产力。[1]

我国应重视专业博士课程内容更新，增强课程的动态性。随着市场经济对专业知识需求的不断增加和新兴交叉学科的出现，课程模块也会被调整或增设，具有较强的动态性和发展性。除此之外，对于开设的每门课程，包括开设时间、任课教师、讲授方式、学习内容、学习要求、考核方式等，各高校都应该有详细的课程介绍。同时针对不同的专业背景的博士生，其开设的课程也应该有所不同，体现出较强的人本性、灵活性和开放性。[2]课程名称可以百年不变，但课程内容应随着办学不断进行更新。在许多美国大学，很多专业没有教材或者没有规定的教材，即便有教材，也是很短时间内就要更新再版。学生手头拥有的和教师上课所讲授的是最新发表的权威性学术成果或者是老师自己还没有发表出来的相关研究成果，这样的知识讲授与平铺直叙地炒作"剩饭"相比，是新鲜的，是有创新性的，师生从中都能够感受到知识生产的快乐。

我国应重视专业博士课程结构优化，构建跨学科综合课程体系。课程教学和科研训练是实施跨学科研究生教育的主要抓手。美国跨学科研究生课程旨在"既能促使学生在本学科中扎根，又能增进学生对其他学科领域的理解，进而发展跨学科学习和研究的能力"[3]。跨学科课程设置一般遵循三个原则：高度整合、博专兼备与问题导向。首先，"跨学科课程应高度整合围绕共同问题或研究主题的多学科知识，并在各学科知识领域之间建立起有机的联系，设置结构严密的核心

---

[1] 刘国瑜,李昌新. 对专业学位研究生教育本质的审视与思考. 学位与研究生教育,2012(7): 39-42.
[2] 张建功. 中美专业学位研究生培养模式比较研究. 华南理工大学博士学位论文,2011.
[3] Chi-Ning C, Brandie S, Debra F, et al. An interdisciplinary graduate education model for the materials engineering field. ASEE Annual Conference & Exposition, 2017: 1-14.

课程和体系化的选修课程，确保学生获得的知识不是支离破碎的"[1]。每门跨学科课程都整合了多个学科的相关内容，而课程之间还需要"通过贯通相关主题的学术专题讲座联系起来"[2]。其次，跨学科课程需要遵循"博专兼备"的设置原则，而且设置跨学科课程最大的挑战是"在满足学科广度的同时实现学科深度"[3]。"博"可以理解为课程内容的跨学科性或学科广度，"专"可以理解为课程内容的学科性或学科深度。跨学科项目鼓励学生"通过必修课获得跨学科'博'的基础知识，通过选修课为学生提供不同学科'专'的机会"[4]。因此，跨学科研究生教育必须科学周密地安排跨学科的课程体系，以使学生在特定领域深度钻研的同时，又能拓展跨学科视野，提高跨学科学习和研究的能力，而且跨学科课程应提供充足的课程资源来加强学习的广度和深度，同时还要"做好各学科学习的衔接和贯通"[5]。所以，跨学科项目实施者必须首先明确本项目研究生需要掌握的不同学科的知识广度和深度，而且需要成为项目教师的共识和共同行动。最后，跨学科课程还应具有鲜明的问题导向性，应"围绕具体某一问题或问题域，设置与该问题高度相关的课程"[6]。以问题导向为原则设置的跨学科课程能够"把本来不相关的学科联合起来，并在多学科之间融会贯通以激发学生的创造力"[7]。这当然需要复杂艰辛的设计，也需要合适的教学方法来予以实现。

多种教学方法的混合使用是美国跨学科研究生教育的基本经验，主要包括问题式教学法、混合式教学法、现场教学法等。基于问题式教学法注重实现学生学习的跨学科性，"教师着力开展提高学生高阶思维和元认知能力的活动，以促使

---

[1] Holley K. The challenge of an interdisciplinary curriculum: A cultural analysis of a doctoral-degree program in neuroscience. Higher Education, 2009 (58): 241-255.

[2] Bronson S, Verderame M, Keil R. Interdisciplinary graduate education: A case study. Cell, 2011 (6): 1207-1208.

[3] Namboodiri V, Aravinthan V, Joseph S, et al. Five heads are better than one: An interdisciplinary graduate course on smart grids: Lessons, challenges, and opportunities. Power & Energy Magazine IEEE, 2013 (1): 44-50.

[4] Hollty K. The challenge of an interdisciplinary curriculum: A cultural analysis of a doctoral-degree program in neuroscience. Higher Education, 2009 (58): 241-255.

[5] Read L, Garcia M. Water diplomacy: Perspectives from a group of interdisciplinary graduate students. Journal of Contemporary Water Research & Education, 2015 (7): 11-18.

[6] Dietz A, Eichler M. Heutagogy and adults as problem solvers: Rethinking the interdisciplinary graduate degree. Adult Education Research Conference, 2013: 96-102.

[7] Holley K. The challenge of an interdisciplinary curriculum: A cultural analysis of a doctoral-degree program in neuroscience. Higher Education, 2009 (58): 241-255.

学生超越单一学科的局限，从跨学科的视角来创造性思考并解决复杂问题"[1]。在实施跨学科课程之前进行一些先导性跨学科课程是必要的，"通过先导性课程来建立多学科通用的知识、思维方式和理论基础，让学生认识到各学科在跨学科课程体系中的地位"[2]，形成对跨学科课程体系的整体认识。在美国跨学科研究生教育实践中，教师通过实施线上线下混合式教学，"让学生首先在线学习某些特制课程来解决学生学科背景单一的问题，而在线下课堂学习中分阶段集中朝着不同的主题方向深入学习"[3]。此外，美国大学跨学科研究生教育"强调多学科学生间的密切合作，通过开展典型的跨学科合作探究活动，促使学生灵活地运用多学科知识解决问题"[4]。现场教学或实验室、实践教学对解决实践性强的问题效果更加显著，而头脑风暴式的学术研讨、学术报告会的效果更佳，能够快速形成跨学科学习和研究的氛围。

跨学科团队教学是实施跨学科研究生教育的主要途径。主要原因是教师个人不能完全掌握解决复杂问题所需的多学科的知识和能力，必须借助跨学科教师团队的优势来互为支撑，而且需要教师团队成为一个学术共同体，共同致力于同一个问题的解决。为了保障跨学科研究生教育的质量，跨学科师资队伍不应是临时的、松散的组合，而必须是为项目组建的有完备配套支持和约束的实体组织。若跨学科研究生教育项目"没有组建起独立的师资队伍，教师就没有归属感，也不会有共同的目标，就很难保证跨学科研究生教育的质量"[5]。培养跨学科专业博士生，需要受过不同学科训练的教师之间达成共识并形成合力。一门跨学科课程至少需要两位不同学科的教师来教授不同部分，以实现课程内的跨学科，使跨学科的程度远高于不同学科课程的并列式组合，从而产生真正意义上的跨学科教学。教师除了在某一特定学科领域具有深厚知识之外，还要主动深入了解其他教

---

[1] Manathunga C, Paul L, George M. Imagining an interdisciplinary doctoral pedagogy. Teaching in Higher Education, 2006 (3): 365-379.

[2] Giulio A, Defila R. Enabling university educators to equip students with inter- and transdisciplinary competencies. International Journal of Sustainability in Higher Education, 2017 (7): 1-27.

[3] Namboodiri V, Aravinthan V, Joseph S, et al. Five heads are better than one: An interdisciplinary graduate course on smart grids: Lessons, challenges, and opportunities. Power & Energy Magazine IEEE, 2013 (1): 44-50.

[4] Spelt E, Biemans H, Tobi H, et al. Teaching and learning in interdisciplinary higher education: A systematic review. Educational Psychology Review, 2009 (21): 365-378.

[5] Welch-Devine M, Shaw A, Coffield J. Facilitating interdisciplinary graduate education: Barriers, solutions, and needed innovations. Change: The Magazine of Higher Learning, 2018 (5): 53-59.

师的学科领域，对团队中其他教师的学科领域有足够深刻的了解，因为只有自己成为跨学科专家，才能实现团队的默契合作。即便团队教师之间以前曾经进行过合作研究，在新的跨学科研究生教育项目之中仍然会面临全新的挑战，来自不同学科的教师不仅要共同确定跨学科研究生项目的核心知识、最优的教学方法、科学的跨学科课程体系，还要共同对跨学科研究生进行体系化的科研训练。

专业实践也是专业博士培养体系建设的重要环节，相比而言，我国专业博士教育非常欠缺专业实践环节，即便有点缀，也往往难有实质性行动。专业博士的专业实践并不是要求博士生重新回到工作单位进行实习实践，而是效仿美国哈佛大学教育领导博士项目的做法，让专业博士生到一个与其工作领域相似的场域中进行一些实践变革行动，在实践变革过程中检验专业博士生的学习成果，检验其理论水平和解决实际问题的能力，也能够非常好地监控专业博士教育的质量。当然，这既需要培养单位精心设计实践活动，又需要高校与地方建立良好的合作关系，形成一种良好的互动机制，同时需要实习单位的积极配合。

当然，专业博士生到现场实习实践之前要有充分的知识储备、能力水平作为前提，这就需要专业博士生在课程教学、科研训练等环节中切实获得提高，有了方法论的基础，才能够在真实的情景中运用科学的研究方法进行研究和实践变革。而且，这种实践变革之后完全可以成为专业博士论文的基础来源，专业博士生在其中的创造性思维和做法可以成为其博士论文的知识生产要素，成为连接课程与博士论文的桥梁。

五、强化双导师队伍建设是重中之重

教师是教育的第一资源，对专业博士教育也是如此。经过40多年的发展，我国高校已经储备了数量庞大的学术人才，我国哲学博士教育的质量越来越高，这就证明我国已经具备素质较高的导师队伍。但专业博士教育在我国还处于摸索期，还没有形成完整的学科专业体系，培养单位契合导师对专业博士学位的认识还没有达成共识，甚至存在一些误解，更没有建立一支专门服务于专业博士教育的师资队伍，这是制约专业博士教育发展的一大障碍。

近年来，美国对传统教育博士的培养模式进行了大刀阔斧的变革。变革后的美国教育博士继续强调学术内容，但其起点是教育中的真实问题而不是学术知识内容，同时强调毕业体验的核心特征是促使学生跨学科整合知识，建立健全基于研究的框架，以理解和解决实践问题，并提出可行的改革建议。对毕业考核方式的变革和创新是美国教育博士变革的亮点。专题论文鼓励合作，强调围绕实践的学术训练，更关心的是帮助这些从业者解决基于现场的问题，而不是让他们从事学术探究与创新的工作。我国大部分教育博士培养在开展实践型教育研究、撰写实践性学位论文等方面经验不足。为此，各培养单位要加强对学位论文的过程性指导，构建指导性强的课程体系，加强研究方法的训练，增设学位论文研讨课。这种将课程与教学、学位论文指导、团队合作体系化的培养模式，有利于促进课程学习、科研方法训练和论文写作一体化，也使得整个培养过程前后连贯。

导师指导是保障教育博士培养质量的关键所在。教师之间、学生之间、师生之间的互动交流都不够充分。为此，笔者建议，教育博士所在学校也参与到课程设计、实践教学、毕业体验等过程之中，由所在学校的领导和同事提供最需要解决的若干工作难题，与教育博士生共同探讨后，由教育博士生选择并改造为学术课题进行研究，基于此完成学位论文。

专业博士教育的师资队伍，要对专业博士的特殊属性有清晰的认知，明晰其与哲学博士学位的区别，明确专业博士生的基本特点和职业取向，了解国家关于专业博士教育的政策，才能够根据专业博士的特点设计专业博士培养模式，以及与专业博士教育特点相符的课程体系，增加研究方法课程和实践类课程的数量，按照专业博士的培养目标引导专业博士生撰写符合学位特点的博士论文，这样才能打造专业博士教育的特色和优势。

理想的情况是培养单位的导师就是对学科理论和专业实践都非常精通的"学者-实践者"的结合体，因此，需要吸纳专业实践人员加入专业博士导师队伍，他们不仅有一定的理论水平，更有丰富的实践经验，是行业内的权威人士。他们与培养单位的学术型导师合作，共同设计专业博士的培养模式，共同招生，共同设计课程体系和知识体系，共同施教，共同指导专业博士生，共同参与博士论文答辩。只有组建并不断充实、加强、优化校内外共同组成的导师队伍建设，才能使他们肩负起专业博士教育发展的重任。

六、加强外部协作是优化办学模式的必由之路

在知识生产模式2的大背景下，专业博士教育逐渐从第一代过渡到第二代，"大学—专业—工作场域"的结合成为培养专业博士的中心。大学虽然是培养主体，但不能封闭办学，不能独自支撑起专业博士的培养重任，需要与政府、行业、用人单位、社会组织形成培养共同体。这不仅需要国家政策支持，更需要培养单位积极行动。国家也要出台鼓励政策，吸引区域内行会、行业、企业积极参与专业博士人才培养，以职业实践能力为核心，着力建设实践基地。

培养单位要积极与行业学会、行业组织密切合作，研讨职业任职资格、入职资格要求、资格证书考试与专业学位教育之间的衔接等，也需要政府作为中间人进行沟通协调。专业博士学位成为某些职业的任职资格，将会极大地促进专业博士教育的发展，也将会使这些职业成为"香饽饽"。因此，培养单位要不断加强与行业主管部门的联系，根据行业的职业任职资格的要求及其变化来开展专业学位教育，培养专业学位人才，以适应经济社会发展的现实需求。

我国专业博士教育应发挥行业企业作用，建立需求与就业动态反馈机制。现在一般的流程是："相关行业主管部门、行业协会和学位授予单位提出建议，并提交论证报告；相关学科评议组和专业博士教育指导委员会进行必要性论证，并提交评议意见；国务院学位委员会办公室在广泛征求意见基础上，组织专家进行可行性评议；评议通过后，编制设置方案，报国务院学位委员会审批。支持行业产业参与专业博士教育办学，引导支持行业产业以资本、师资、平台等形式投入参与专业博士教育。鼓励行业产业通过设立奖学金、博士生工作站、校企研发中心等措施，吸引专业博士生和导师参与企业研发项目。"[1]

我国专业博士教育要遵循市场规律，充分发挥市场调节在资源配置中的基础性作用。首先，形成产业结构、专业设置和招生数量的动态调整联动机制，强化产教结合的人才培养模式，适当增加对应二、三产业的学位类型，解决人才供需矛盾；其次，要统筹"上位"与"下位"，根据经济结构、教育资源、社会需求等区域特色，合理调整满足区域和行业需求的博士专业学位类型，增强其设置的开放性、适切性；在充分发挥市场调节的基础上，政府要适度加强宏观调控，以

---

[1] 国务院学位委员会 教育部关于印发《专业学位研究生教育发展方案（2020—2025）》的通知. http://www.moe.gov.cn/srcsite/A22/moe_826/202009/t20200930_492590.html.[2022-04-25].

避免市场调节自发性、盲目性、滞后性引发的诸多问题；建立动态预警机制，对水平持续低下、人才培养过剩、脱离社会经济发展需求的单位和专业及时预警；协调相关部门，统一人才评价标准，避免在证书问题上制造专业博士与哲学博士的差距。①社会需要不同类型的人才，我国教育有义务培养这两类优秀人才，让他们相互沟通、相互提高、相互补充，而不是相互攀比。

七、质量保障体系建设需要政产学研协同

我国专业博士教育应引导实践成果产出，完善相关监督体系。当前我国专业博士生的毕业要求及产出的成果仍以学术论文为主，且很大一部分毕业论文为理论研究。这与博士专业学位的培养目标与培养要求是相违背的，因此要加强对实践成果产出的引导，学校要进一步明确毕业要求，将实践成果产出列为必要条件；导师对学位论文开题和答辩环节进行严格把控；同时，进一步加强专业博士的学位论文抽检力度，使质量控制成为常态化工作；此外还要探索博士生实践创新成果在参与培养企业和学校之间的合理分配机制，这既可提高行业企业参与专业博士教育的积极性，也能为实践成果的产出和转化提供平台。②

我国专业博士教育也亟须建立和完善普适性的质量评价标准和监督体系，这可以从以下方面付诸努力：第一，要根据不同专业学位的特点以及发展规律，建立目标明确、合理的普适性质量评价标准，进而将其落实到具体的培养过程中，杜绝目标不明或要求过高而导致标准的形式化。第二，要推动行业、企业共同参与专业博士生的培养，并对专业博士教育质量进行监督，同时要及时接收行业企业的用人反馈，为质量评价标准的修正提供有效信息。第三，转变"事后调整"的质量监督观念，将专业博士教育质量监控由结果控制逐步转向过程控制，形成对博士专业学位全过程质量评价的"覆面式"共识。③应建立国家、行业和培养单位三位一体的评价标准体系，标准体系的建立不仅要满足社会利益相关者对专

---

① 王坦. 专业型博士"热"背后的"冷"思考. 研究生教育研究，2021（1）：55-62.
② 罗英姿，李雪辉. 我国专业学位博士教育面临的问题与改进策略——基于"全国专业学位博士教育质量调查"的结果. 高等教育研究，2019（11）：67-78.
③ 罗英姿，李雪辉. 我国专业学位博士教育面临的问题与改进策略——基于"全国专业学位博士教育质量调查"的结果. 高等教育研究，2019（11）：67-78.

业博士生的实际需求，还要符合国家和行业的相关要求。应建立需求与就业动态反馈机制，及时调整培养规模和培养方案。

我国专业博士教育应完善专业学位授权点合格评估制度，将制度建设、学科建设水平、校企合作水平、论文质量、博士生发展质量作为重要评价内容。"将产教融合培养研究生成效纳入评估指标体系，并与专业学位点建设等支持政策相挂钩。"①

我国专业博士教育应完善全过程质量管理。全过程质量管理不能局限于对论文选题、设计、实验和成稿的步骤化管理，更应关注博士生在课程修读环节、实践环节和成果产出环节的管理。课程修读环节，应注重工学平衡，严把课业质量；实践环节，应注重"落于实地"，真正提升博士生的实践能力；成果产出环节，应注重对实践成果的引导和认证，对案例报告、专利成果等进行质量考核，使专业博士教育的"高层次、强应用"特性得以在成果中充分展现。②

高校必须科学制定专业博士学位培养方案。专业博士的教育要与哲学博士严格区分，突出专业博士教育的特色。少数高校虽然制定了专业博士学位的培养方案，但对培养方案中的关键要素，如入学资格、课程设置、考核评价、学位论文等相关规定，并未体现专业博士学位固有的实践性、应用性特征。因此，我国专业博士的培养单位要积极探索、创新专业博士的培养方案。

培养方案须充分体现专业博士实践性特征，才能使我国的专业博士学位真正地发展成为一种独立的、区别于哲学博士学位的专业学位。鉴于此，我国高校应根据学校自身以及专业自身特色，凸显专业博士学位固有的应用性和实践性特征。美国设置的专业博士学位培养方案也不是一成不变的，而是不断变革优化的。美国专业博士培养方案不断更新和改革，以培养更加适应社会需求和发展的高水平应用型人才。因此，我国高校应保持不断进步、不断更新的步伐，只有这样，才能真正把我国专业博士学位发展成为一种区别于哲学博士学位、具有专业实践性特征的专业学位。我国高校应充分地认识到专门制定以及完善专业博士培养方案的紧迫性和重要性。

---

① 国务院学位委员会 教育部关于印发《专业学位研究生教育发展方案（2020—2025）》的通知. http://www.moe.gov.cn/srcsite/A22/moe_826/202009/t20200930_492590.html.[2022-04-25].

② 李雪辉，李占华，罗英姿. 基于 IPOD 框架的兽医博士生教育质量研究. 学位与研究生教育，2021（1）：46-53.

我国专业博士教育应改革专业博士的评价方法，发展多元评价。完善的、多元化的考核方式不仅能够更加全面地检测博士生真实水平，而且可以对博士生进行完整、真实的评价，更能保证专业博士培养的质量。目前，我国专业博士学位考核方式基本上是移植了哲学博士学位的考核方式，对专业博士实践技能的考核所占比例相对较少。我国专业博士教育还应改革现有不合理的专业博士考核方式，发展多元化考核评价方法。专门建立针对课程学习实习实践和学位论文不同环节的考核方式和评价标准，如实践考核、学位资格考试等考核方式。学校可成立相应的"考核委员会"对专业博士的考核项目进行指导与监督，保证考核结果的公正性。

八、结构规模

我国专业博士毕业生的占比低、基数小，增长幅度不大，这是基本事实。尽管2018年专业博士招生猛增到6784人，是上一年度的2.51倍，但只是当年哲学博士招生量的7.65%。2016—2017学年，美国授予博士学位181 352个，同比是我国的3.20倍，而专业博士学位的差距更大。从绝对规模看，2016年，我国专业博士毕业生为2311人，只有美国2015—2016学年的2.65%。从相对规模看，我国专业博士学位毕业生仅占博士毕业生总数的4.20%，占比只有美国的1/12。[①]

相比之下，我国的专业博士规模和比例还非常小，与我国社会经济发展和社会需求也不相适应，亟须扩大博士专业教育规模，不仅要优先发展社会急需的学科专业，而且要充分考虑办学资源是否充分，"还要统筹学位结构体系，完善博士专业学位授权点区域布局，支撑区域经济社会发展"[②]。随着我国产业结构的升级，新兴行业对于高端人才的需求将会持续增加，迫切需要高校完善博士生分类培养模式，依托"双一流"建设和新工科建设的契机，在博士的招生指标分配上，向人工智能、大数据等新兴学科，以及医学、公共卫生等社会急需专业倾

---

① 张炜. 美国专业博士生教育的演变与比较. 研究生教育研究，2020（3）：87-92.
② 张学良，张炜. 行业特色型高校开展专业博士教育的优势分析与路径优化. 研究生教育研究，2021（4）：66-71+77.

斜。加强高校和外部主体在博士培养过程中的协同，通过与相关企业、专业协会的合作，以高校科技园为基地，积极吸纳高科技企业、校友企业设立实践基地，为提升博士生的科研能力、创新实践提供平台；改革单一导师制，着力打造校外导师队伍，逐步建立博士生培养的"双导师"制度。围绕不同类型的人才培养标准，从职业定位、实践能力优化培养方案，建立专业学位与行业衔接的培养制度，实现博士教育培养与经济发展的有效契合。①

九、质量效益

我国专业博士教育应提升培养质量，建立健全产教融合育人机制。"将产教融合和行业协同作为博士专业学位授权点增设的优先条件。"②按照国际专业博士代际嬗变的趋势，产教融合是专业博士教育的基本趋势，我国在这方面还有很大的提升空间。

截至2022年，我国已经设立临床医学博士、牙医博士、兽医博士、药学博士、教育博士和工程博士6种专业型博士学位，涉及教育学、医学、工学3个学科门类的13个专业领域，共有143个博士专业学位授权点。培养规模还很小，每年授予专业博士规模总共只有2000人左右。我国可以探索在心理学、法学、工商管理、公共卫生等领域设立和开展专业博士教育的试点工作，应该优先充足发展"卡脖子"的高新学科专业和市场需求量较大学科专业，优先设置专业博士学位，探索经验予以推广。在追求质量、规模、效益的多元关系中，把专业博士教育的质量放在最重要的地位，但没有规模就难以产生效益，质量也难以得到保证，因为不能满足社会发展的需要。

十、组织机构

我国专业博士教育应设立专门机构指导监督专业博士学位论文。其一，专业

---

① 牛风蕊，张紫薇. "双一流"建设背景下的博士生教育质量——多维评价、互构逻辑与动力机制. 研究生教育研究，2021（2）：75-81.

② 国务院学位委员会 教育部关于印发《专业学位研究生教育发展方案（2020—2025）》的通知. http://www.moe.gov.cn/srcsite/A22/moe_826/202009/t20200930_492590.html. [2022-04-25].

博士的学位论文应凸显原创性与应用性两个特点。学位论文选题应来源于博士生所从事工作的现实问题，必须有明确的职业背景和普遍的应用价值。其二，从论文的选题、写作规范到论文的具体内容等方面，不仅要发挥导师的指导监督作用，还应该利用其他资源充分保证专业博士学位论文的质量。专门组织"论文委员会"等专业机构严把专业博士学位论文质量关。对不符合要求的论文，务必督促专业博士生及时修改或延期论文答辩，严格把好专业博士的毕业关。

我国专业博士教育应逐步完善组织机构体系。加强管理体制建设，明确国家、学校以及相关职能部门的职能与职责。培养单位应设置专门的专业博士教育质量保障管理部门，对专业博士教育进行过程性监督。学校研究生院要成立专业学位管理办公室；学院成立专业学位指导小组；培养单位与行业企业合作建立一批实习实训基地。充分发挥全国专业学位教育指导委员会的作用，使其成为政府、高校、行业之间的纽带。全国专业学位教育指导委员会也要加强自身建设，改善治理结构，提高治理能力，吸收来自使用单位的兼职专家，明确工作职责，只有这样，才能充分发挥第三方的监督评价职能。

第七章

结　　论

一、加强对专业学位教育规律的研究

专业博士教育已经在美国、英国、澳大利亚等国家有较长的发展历史，形成了比较有效的培养模式，培养制度已经比较健全，在质量保障体系、与职业需求、任职资格等紧密衔接等方面积累了比较成熟的经验，社会认可度越来越高。虽然在发展过程中也遇到合法性危机和各种可能问题，但总的看来，专业博士学位在这些国家得到了社会的普遍认可，教育质量不断提高，教育规模也越来越大，专业博士教育对其社会发展和科技进步都做出了不可忽视的贡献。因此，我国有必要继续加强对先进的专业博士培养模式、运行机制和管理体制等方面的比较研究，以资借鉴，并改造和完善我国专业博士培养模式的设计与实施路径。

我国需要根据专业博士教育的实践，不断凝练、完善中国特色专业博士培养模式。我国专业博士教育经过几十年的发展，应该说成绩是主要的，问题是次要的。今天，我们不仅要追求专业博士教育的规模扩张，更要追求专业博士教育高质量内涵式发展。我国目前设置专业博士学位的学科专业还非常有限，要及时总结它们的经验，吸取其中的教训，在充分做好市场调查的基础上，积极拓展专业博士教育系统结构，尤其是学科结构、专业结构，尽快建立专业博士学位体系与专业硕士学位体系之间的衔接，真正贯通专业学位体系。

二、恰当处理好理论与实践的平衡

处理好专业学位固有的学术性与实践性对立统一的关系，对于维护专业博士的合法性及可持续发展至关重要。"实践性是教育博士区别于教育学博士的本质属性"[①]，专业博士说到底还是一种专业性学位，其设立的初衷就是与哲学博士

---

① 张斌贤，文东茅，翟东升. 我国教育博士专业学位教育的回顾与前瞻. 学位与研究生教育，2016（2）：1-6.

双轨并行，错位发展，培养高级"研究型专业人员"。而当前我国的专业博士培养模式主要仍是学科理论的学习为主，招生和培养都偏重学术能力，虽然在学位论文写作的时候会被建议结合实践，但真正的考核标准仍然是学术价值的导向。而且很大比例的专业博士生自己不知道如何做到理论联系实践，普遍造成了专业博士生的理论学习和研究与现实需要相脱节，解决实践问题的能力并没有得到实质性的提升。

事实上，专业实践能力提升与学术研究深化的螺旋式共融互促和深度联结是解决理论与实践关系的基础和重点。实践性目标为引导、实践课程为主体、实践教学贯通、实践性论文导向，源于实践、围绕实践、终于实践，实践贯穿专业博士培养的全过程。"学术型实践者是专业教育工作者，能将实践智慧与专业技能、知识相整合，来识别、设定和解决实践问题；运用实践性研究和应用型理论作为工具来改革教育，因为他们理解公平和社会正义的重要性；通过多重方式来传播他们的工作；并与关键利益相关者进行合作来解决实践问题。"[①]通过这种实践浸入式的专业学习与学术研究，能够真正培养出解决实践问题的"研究型专业人员"，切合专业博士的培养目标与专业博士生的就读期待。

国外专业博士教育在理论和实践两个方面同时要求很高，追求在理论和实践之间的良性互动，实现某种平衡。总而言之，专业博士教育的培养目标是精深理论水平与宽广专业水平兼备，精深研究能力与宽广实践能力俱佳的专家型实践者。在专业博士教育中，理论与实践的联系与统一是"应然"的，而且应该得到尊重和落实。其实，在专业实践中，并不仅仅是从理论到实践的单维模式，而且是从实践循环往复地不断返回到理论的过程。认识掌握理论的最好方法就是应用理论，在应用过程中对理论有更加深入的认识，形成一种缄默知识和内秉的能力。博士生项目，"除了提供专门管理和行政技巧，我们的项目必须给予博士生宽广的领导能力，这将保证他们度过不确定和不稳定的时期。项目设计鼓励批判性思维、问题解决、容忍野心和矛盾，发展一种整合的意识和强烈的道德承担。在快速变革的时代生存，未来的高等教育领导者必须是反思性实践者"[②]。南京大学龚放教授指导教育博士有其个人独到的方法。他秉持"'实践出发''应用导

---

① 王晓芳,李戎. 西方教育博士培养改革的新理念与新做法. 高等教育研究，2017（6）：55-64.
② 李云鹏. 美国教育博士专业学位的发展动力与变革模式研究. 南京师范大学博士学位论文，2012.

向''问题研究'等原则,既直面高等教育发展需要,注重问题为逻辑起点的对策研究,又要努力在专业实践知识生产方面有所体现。教育博士的学位论文较好地体现了'实践特性和应用导向'的鲜明特色。选题既结合我国高等教育和科学研究改革的重大决策、重大改革举措,既有强烈的现实针对性,又有理论拓展、学术创新的空间"①。这种完全符合专业博士学位特性、坚持一定学术品质的务实的专业博士培养模式值得推广。

三、进一步明确专业博士的培养标准

培养目标和质量标准是专业博士培养模式的入口与出口,二者必须高度一致。"任何一种培养制度只有确立明确的培养目标和明确的培养标准,才会有质量。"②对于我国来说,"专业博士教育需要构建独立的培养模式已经在学界达成广泛共识"③。"我国的专业博士教育亟须建立普适性的质量评价标准和质量保障体系,要根据不同专业领域的个性化特点和发展规律,建立普适性质量评价标准,进而要落实到具体的培养过程中,坚决杜绝目标不明确或要求过高而导致标准被束之高阁,培养模式与培养目标两张皮,专业学位特性丧失的问题。"④这种现象在古今中外都有大量的事例,说明是很容易出现的现象,但这是一大问题,严重影响了专业学位的声誉。

我们一再强调学术性与实践性要兼顾,要贯通,要有所侧重,这是原则,当然需要结合今天的学科专业来定。用什么方式来证明专业博士教育是否合格?这是亟待解决的问题,笔者曾经专门撰文探讨教育博士学位论文的形式与质量标准,就是想要说明:"博士学位论文只是博士研究生教育的一个环节,尽管非常重要,但只是育人活动的一种手段而已。无论 Ed.D.学位论文如何变革,独立完成学位论文并通过由外审同行专家的审核,对实践性知识做出原创性贡献或对理

---

① 龚放. 知识生产新模式让高教研究别开生面:兼序王春梅《知识生产新模式与协同创新中心建设》. 清华大学教育研究,2020(5):145-148.
② 陈洪捷. 博士生培养的两种逻辑. 研究生教育研究,2020(5):6-7.
③ 罗英姿,李雪辉. 我国专业学位博士教育面临的问题与改进策略——基于"全国专业学位博士教育质量调查"的结果. 高等教育研究,2019(11):67-78.
④ 罗英姿,李雪辉. 我国专业学位博士教育面临的问题与改进策略——基于"全国专业学位博士教育质量调查"的结果. 高等教育研究,2019(11):67-78.

论性知识进行原创性应用,仍然是大多数机构授予 Ed.D.学位的基本要求,体现了所有博士研究生教育必须始终坚持培养创新型人才的理念。我国新兴的 Ed.D.教育也必须清晰地认识到,Ed.D.教育最重要的'成果'不是学位论文,而是学生自身全面素质,尤其是专业实践能力的发展,是培育出具有高度批判性和创造性的研究型专业实践人才。"[1]专业博士的考核方式可以有很多,但质量是共同的,即要有质量底线。博士论文作为博士学位的最终成果是全世界的普遍共识。专业博士学位究竟是否有必要完成博士学位论文,如果要的话,什么样的研究取向、什么样的质量标准都是需要研究的课题,稳妥的做法是要求完成博士论文,但研究取向、研究范式、质量标准都要符合专业博士学位的特点。

开展专业博士教育就要进一步明确规定各学科专业设置的专业博士培养规格,进而细化并切实落实到各培养环节的质量标准,加强学术性和实践性的引导;制定明确的专业博士教育培养目标,在博士生"入学资格上做到专业经验与学术基础兼顾,课程体系上注重学术理论知识与专业实践知识的整合"[2]。在科研能力方面,教师和导师在教学和指导的过程中,要充分重视理论与实践的内在结合,激发专业博士生发现和解决工作场所存在的现实问题,提高专业博士生对工作实践问题的研究能力。在专业实践能力发展方面,探索大学、专业、工作单位交叉领域的合作模式,鼓励专业博士生以研究型实践者进入其所从事的工作场域开展应用性研究,为专业博士生提供专业实践与科学研究相结合的工作平台。

恰当地确立应用性学术标准,重点培养专业博士生的创新能力。论文选题应该是专业博士生自己工作实践中的现实难题,而不应该是理论问题。培养单位需要引导考核标准体系由"理论研究"为主向"应用研究"为主转变,培养专业博士生的创新思维和创新能力。在论文写作阶段,教师应加大对专业博士生的指导调度的力度,例如每个月专业博士生都应通过书面汇报的形式与导师交流论文撰写的工作进展,导师及时给予必要的建议和有力的督促,如果能够实现双导师或导师小组的集体指导,会对专业博士生按时完成学业起到更大的推动作用。[3]

专业博士项目评价的重点除了一些显性目标之外,关键看博士生是否变得更

---

[1] 李云鹏. 教育博士学位论文的形式与质量标准. 比较教育研究,2013(3):28-32.
[2] 袁广林. 专业博士培养目标定位:研究型专业人员. 学位与研究生教育,2014(11):1-5.
[3] 胡纵宇. 教育博士的培养指向:专业性向度与实践性向度. 学位与研究生教育,2014(11):5-9.

灵活，对现实更有敏锐的批判性，更有创造性，而不仅仅拘泥于知识的反复转化，更不是社会资本的再生产，陷入单纯追求学历提升的窠臼。这样的效果还集中表现为：专业博士宏观认知水平与问题分析能力的提高；综合运用多种科学方法能力的提升；创造性改革专业现状的能力。当然，专业博士项目绝不仅限于增加专业博士生的从业能力，其社会价值最终体现在推动行业专业性的全面提升。

四、加大跨学科专业博士培养模式的探索

探索专业博士跨学科培养机制。跨学科培养是专业博士培养模式创新的一大亮点。从长远看，"多学科"取代"单一学科"培养模式将是专业博士教育发展的一大趋势。当然，跨学科培养模式的前提是拥有广泛有力的支持网络，需要整合校内校外优质资源，既有校内强势学科师资的加盟，又有校外政府、企业、行业企业、基金会等的支持与合作①，形成全社会共同培养的机制，也使得这种培养模式有更强的社会适应性。

（一）我国跨学科研究生教育的现状

1. 基本形成了跨学科研究生教育的宏观制度

我国的跨学科研究生教育开始的较晚。教育部于 2009 年印发《学位授予和人才培养学科目录设置与管理办法》，支持学位授予单位在一级学科下自主设置与调整按二级学科管理的交叉学科，但并没有得到积极响应。2018 年大学开展学位授权自主审核工作，学位授予权下放，增加了大学学位授予的灵活性和适应性，这推动了交叉学科的发展。2020 年底，国家设置"交叉学科"成为我国第 14 个学科门类，且有 2 个下设的一级学科。这对跨学科研究生教育而言具有标志性意义，意味着跨学科教育将以正式的学位教育形式出现。2021 年底，国务院学位委员会印发了《交叉学科设置与管理办法（试行）》。可以说，国家层面宏观的跨学科教育制度已经基本形成，必然会促进跨学科研究生教育的积极发展。

---

① 魏玉梅. 美国教育领域专业博士学位制度设计及其启示——以哈佛大学"教育领导博士"专业学位项目为例. 研究生教育研究，2016（2）：85-90.

2. 初步建立了跨学科研究生教育的组织机构

近年来，我国一些大学积极探索跨学科研究生教育，大多数跨学科研究生教育是依附于交叉学科研究平台开展起来的。例如，成立于 2006 年的北京大学前沿交叉学科研究院目前已有 10 多个跨学科研究机构并进行研究生教育，涵盖了数学、物理学、化学、生物学、医学、工程等学科的众多交叉研究领域。2014 年北京大学又在该研究院先后设立了"数据科学""纳米科技""整合生命科学" 3 个交叉二级学科。又如，2016 年，浙江大学启动了以"Med+X""Brain+X" 交叉学科研究为试点的博士生教育专项计划。2017 年，该校成立了"医药+X" "工学+X""信息+X""文科+X""农学+X"，以及海洋领域 6 个多学科交叉人才培养中心。2018 年，该校又增设了"双脑计划"多学科交叉人才培养卓越中心。这些表明我国一些大学正在突破单一学科的院系建制，正在为跨学科研究生教育创设新型的教育组织和研究组织。

3. 基本形成了跨学科研究生的培养体系

目前而言，我国开展跨学科研究生教育的主要目的是面向国家重大战略需求，培养具有宽厚知识基础、能解决社会难题的高层次复合型人才。在招生录取时，有跨学科背景的学生更受欢迎。除了考查学生的学科背景，各培养单位更注重学生的英语沟通能力、写作表达能力及学术拓展能力。在资源配备上，学校重点支持跨学科科研项目，鼓励不同学科背景的教师协作申请研究项目，还会通过充分配置基础设施和科研设备等方式促进优质资源聚集与共享。在课程教学方面，大学有意识地引导各二级学院有针对性地开设跨学科跨专业的基础课、核心课、选修课等，鼓励学生跨学科、跨专业、跨院系选课修读学分。有的大学要求研究生必须选修一定数量的跨学科、跨专业的课程，跨专业的研究生须补修本专业 2—3 门的本科基础课程。有的大学正在尝试项目式的跨学科研究生教育。在科研训练方面，当前很多大型科研项目倾向于用多学科的方法和理论进行，跨学科研究生被纳入其中以培养跨学科研究能力。在学位论文上，一些大学成立交叉学科学位评定委员会以对跨学科研究生的论文选题、研究方法和研究内容等进行把关和评价。

（二）我国跨学科研究生教育的问题

1. 院系本位阻碍跨学科资源整合流动

我国大学的跨学科资源在学院内部和学院之间的流动和整合都存在障碍。当前，我国大学普遍实施"二级管理，院为基础"的校院二级管理模式，二级学院成为大学办学的权责实体。而各二级学院以自身学科为基础进行发展规划、资源分配、人事管理及评价考核，各学院之间各自为政，导致大学内部呈现一定程度的碎片化。这种管理模式与跨学科研究生教育所需要的协同合作背道而驰，不利于跨学科研究生教育的开展。与此同时，由于学科文化的冲突和对有限资源的争夺，学院之间森严的组织壁垒也可能限制跨学科资源的聚集和重组。各学院会着眼于自身学科的发展，单方面地寻求合作伙伴，这就使得大学跨学科研究生教育的范围和方式非常有限。

由于是新生事物，我国大学普遍对跨学科研究生教育缺乏系统的顶层设计。没有系统的顶层设计，就难以建立与跨学科研究生教育相适应的制度体系，使得跨学科研究生教育在实施过程中偏离初衷。目前我国大学的研究生院是与各二级学院并行的行政管理单位，对二级学院统筹协调的权威性不够。如果没有足够的赋权，研究生院很难统筹跨学科研究生教育。事实上，当前我国一些大学的跨学科研究生项目多是试点性质的，并没有大规模、系统性地展开。有限的项目多是自上而下的推动，少有二级学院的主动作为。跨学科研究生教育多挂靠跨学科研究机构，然而其主业是科学研究，人才培养是次要的工作，对跨学科研究生教育而言只是作为权宜之计。

2. 跨学科师资管理制度亟待创新

我国长期以来形成的"大学—学院—系"三级学术组织机构与跨学科研究生教育所需要的教师重组与流动相冲突。教师隶属于一个组织机构，没有一定的许可不能实现自由流动。跨学科教师团队的合作与交流，受团队成员既有学科背景和学院隶属关系的制约，教师团队的向心力一时难以形成。此外，从事跨学科研究生教育的教师在聘任与晋升中往往处于不利地位。原因主要是跨学科教学和研究成果还一时很难得到不同学科专家的认可，在项目申请、评奖评优及学术声誉等方面，参与跨学科研究生教育的教师也会面临更大的压力。

3. 质量评价体系建设滞后

大学围绕研究生的课程学习、科研实践与学位论文三个环节，以课程考核、中期考核、开题报告、学位论文外审、学位论文答辩等形式监控研究生的培养过程。其中，学位论文质量是对研究生评价考核的主要环节。目前我国尚未形成专门的跨学科专家库，跨学科研究生或从事跨学科研究的学位论文往往只会送到某一个学科领域的专家进行评审。这将很大概率导致跨学科学位论文通过率低，进而可能降低研究生参与跨学科教育的积极性。此外，跨学科研究生教育质量评估标准的设计十分复杂，各参与学科所占的权重也很难明确划分。目前而言，质量评价标准只能由不同学科的专家共同商定，而不同学科的质量标准又存在诸多差异，尤其是在研究方法和研究范式方面的差异还一时难以调和。

（三）改进我国跨学科研究生教育的路径

借鉴世界知名大学跨学科研究生教育的经验，改进我国的跨学科研究生教育，应重点做好以下三项工作。

1. 创新跨学科研究生教育组织形式

创新跨学科研究生教育组织形式有助于突破学科间的学术孤岛、规范跨学科合作关系。参照美国跨学科研究生教育的四种组织形式，我国实际运行的跨学科研究生项目大多是"创设独立建制的跨学科研究机构"的组织形式，是一种超越现行组织体制的新组织形式。这种形式多为非常庞大的临时的短期行为，但很难实现可持续发展。长久计，我国大学应积极采用"研究生院统筹式"，大力推进研究生院职能变革。相比美国研究生院拥有教育组织机构与管理机构两种定位，我国的研究生院仅是管理机构，没有自己的教学队伍，"'管理性''行政性'一直是我国研究生院的主要特征"[①]。为此，我国大学应增强研究生院的教育组织职能，为其在设置和组织跨学科研究生教育活动中发挥积极作用提供条件。"赋予研究生院更大的自主权；发挥研究生院在研究生课程设置和安排上调控和主导作用。"[②]"跨学院协同式"是各二级学院或研究机构开展跨学科研究生教育的自

[①] 周叶中，赵丽娜. 新时期我国研究生院建设问题的思考. 学位与研究生教育，2017（9）：20-24.
[②] 陈子辰. 中国研究生院设置与建设的研究. 上海：上海交通大学出版社，2001：32.

发行动，大学应积极支持和鼓励，其缺点是因规避改革风险而缺乏深度变革的动力。"学院内部整合式"可以为开展跨学科研究生教育积累经验，但其跨学科性弱，影响力小。比较而言，新独立建立机构来自行实施跨学科研究生教育，没有束缚和包袱，但要想得到认可和支持，需要大量开拓性的努力。

与新设置专门的跨学科行政管理机构相比，赋予研究生院更多更大职能更为便利。研究生院应从科学院研究生教育的顶层设计和过程管理两个维度进行统筹规划。各级学科负责人和学科专家组成的跨学科领导小组应承担顶层设计职能，主要从战略高度对全校跨学科研究生培养的招生、课程与教学、科研训练、条件保障、质量评价等环节进行整体规划。该领导小组应制定明确的规范或细则以协商解决培养过程中可能出现的利益纠纷和内耗，例如教师团队聘任、工作量考核、科研成果评价与归属、资金分配以及公用设备分配等问题。

2. 加强跨学科师资队伍建设

跨学科研究生教育的师资来自不同的学科，但来自什么学科，如何组合搭配是一个难题，需要顶层设计。此后，跨学科教师也需要进行培养，因为没有受过跨学科教育或从事跨学科研究的教师不具备跨学科研究生教学的能力。大学应创造条件拓展参与跨学科研究生教育教师的知识结构，提升非线性思维、创造性解决问题的能力。教师团队围绕共同问题分别提出各学科观点，教师依据本学科对共同问题的"贡献"，教授相应的知识、方法及路径。教师团队要共同制定跨学科研究生教育的目标和完整的质量保障体系。教师团队设置能体现跨学科融合的培养目标，并进一步细化到课程目标、课堂教学目标、科研训练目标、毕业论文目标等，而且是体系化的、一贯的。为保障跨学科研究生教育目标的实现，必须建立一套完整的质量保障体系，尤其是在个性化招生、课程体系设置、模块化教学、跨学科科研训练、资源平台建设、多元化评价等方面，要在充分科学论证的基础上大胆创新。由研究生院和跨学科教师团队来共同制定本跨学科研究生项目的核心知识能力指标体系，及其质量标准、培养方案，这些是开展跨学科研究生教育的前提基础，也是一项难度很大的开创性工作，非常有必要学习借鉴美国的经验。

就教师团队而言，大学在遴选团队成员时应注重考察教师的多学科背景、跨学科研究经历。教师团队成员应互相熟悉合作教师的研究专长，甚至有过合作研究的经历。在实施跨学科教学时，团队成员应有明确的分工以确保整个知识体系协调一致。教师团队需要一位核心带头人负责协商解决团队成员间的学科隔阂，还需要通过利益互惠与制度约束来增强合作关系的稳定性。课程教学和科研训练是实施跨学科研究生教育的主要抓手。跨学科课程体系及每一门课程的内容安排都是全新的工作，需要按照"高度整合、博专兼备与问题导向"三个原则精心设计，并使整个课程体系相互联系并相互支撑。跨学科科研训练也是挑战性极高的课题，需要项目实施者系统安排科研训练的时间、内容和形式，并需要项目师生积极参与并形成学术共同体。

在教师聘任上，我国需要采取突破院系壁垒的多种聘任方式。其一，集中聘任制，大学将参与跨学科研究生教育的教师从原院系中调离出来，专职隶属于现跨学科项目。其二，联合聘任制，跨学科研究生教育项目与教师原隶属机构共同聘任教师。其三，独立聘任制，实施跨学科研究生教育项目的机构自主在校内外聘任教师，并独立制定教师的管理、考核、酬劳等事务。其四，兼职聘任制，短期聘任相关学科领域的教师，完成跨学科研究生某阶段或某部分任务。应该说，这四种方式都有其合理性，各大学根据情况酌定。比较而言，集中聘任制和独立聘任制更能保障跨学科教师的投入度，更能保证项目的独立性，但对现行制度的冲击和投入成本都较大。

3. 完善跨学科研究生教育的质量评价体系

在教师评价上，大学应采取积极的鼓励政策，在资金投入、项目申请、职称评定及资源保障等方面，对参与跨学科研究生培养的教师适当倾斜，以营造跨学科研究生教育的氛围。在质量评价上，除了考查学生的一般学术能力之外，还应将跨学科视野、跨学科合作、多角度创造性解决复杂问题的能力纳入到评价体系之中，而且要注重考核评价的动态化、个性化与多元化。

对学位论文的评价是重中之重。大学应根据学生学位论文所涉及的各学科领域按照一定比例遴选多学科的专家组建委员会以开展指导、监督、评审等工作，综合考查学位论文在选题前沿性、研究方法多样性、研究内容复杂性、问题解决创造性四个方面。具体的评价指标包括：是否采用综合的方法对研究问题进行构思，学生是否准确有效地综合运用了多学科知识，是否准确有效地运用了学科方法，是否结合各学科观点并使之保持"平衡"，得出的结论是否促进了对问题的深入理解和创造性解决。

跨学科研究生教育是更为复杂的教育模式，我们要充分估计到其中的艰难与挑战，需要精心设计，提供各方面的有力保障。跨学科研究生教育在我国方兴未艾，需要我们解放思想，大胆尝试，不断深化理论研究和实践探索，创造性地建成富有中国特色的跨学科研究生教育模式。当然，跨学科专业博士培养需要加强研究和探索，不是一蹴而就的，尤其是我国对跨学科教育还没有形成一种共识，还没有成熟的经验，还需要做大量基础性的工作。为促进专业博士教育高质量发展，培养有跨学科视野的高素质专业人才，我国应重视并加快跨学科专业博士教育模式的实验和推广，尤其是加快跨学科课程、跨学科教学、跨学科研究、跨学科师资、跨学科评价等制度建设和实践探索。设立跨学科专业项目、建立交叉学科研究院、跨学科研究中心等都是切实可行的有效路径，但都需要制度支持，其中最大的制约点是组建跨学科师资队伍和导师队伍，确立跨学科人才培养规格，尤其是核心的知识能力体系，围绕这个目标建立一套跨学科课程体系，这是亟待研究的重要课题，但值得尝试。

五、不断提高专业博士教育水平

专业博士教育要可持续发展，就必须以质量保障为前提。要积极支持和鼓励从事专业博士教育的教师和导师编写和使用各学科专业的优秀案例，加大案例教学的分量。注重与专业博士教育相符的课程内容、教学方法和科研训练，在做实专业基础理论的基础上，重点培养实践能力。

专业博士学位是一种古老而又新鲜的学位类型，有职业性的古老传统，也有学术性的现代属性，是二者的完美结合。"研究型专业人员"应该是对专业博士学位培养目标的一个比较恰当的定位，是对其培养目标的高度概括，只是说其重心在后面的"专业人员"，实践性蕴含其中。我国有必要在那些社会需求量大的专业领域加快专业博士教育的发展以及优先发展。专业博士培养单位应该进一步加强与有关部门、行业的联系。专业博士教育直接面向社会职业领域和专业岗位，无论是教育培养单位还是主管部门都要加强与社会行业或部门的联系，加强在培养全过程的合作。由于专业学位的特殊属性，专业博士教育始终要以职业领域的数量需求和素质要求为发展导向。校内外合作主要在以下几个方面：一是专业博士学位培养目标、规模、结构、功能要与社会需求的变化相适应；二是促进有关行业或部门和社会各方面积极参加到专业博士培养模式的设计和实施过程之中，在招生考试、课程设置、学分、教学、专业实践、论文设计、答辩、就业等方面进行充分合作，实现教育与职业需求的良性互动。总之，就是要多方面促进专业博士学位与行业需求的紧密结合，真正把专业博士教育办成面向职业需要的教育。

附　录
APPENDIX

附录1　专业博士培养模式调查问卷

尊敬的女士/先生：

　　您好！首先感谢您参与本次问卷调查活动。为了解目前我国专业博士培养模式的现状。我们承诺答卷信息仅用于研究。感谢您的支持与合作，并祝您生活愉快！

2021年5月

　　填写说明：请直接在对应的方框内打"√"

1. 性别：A. 男☐　　　　B. 女☐
2. 您所在的大学名称是_____

   您所在的大学或学科是"双一流"吗：

   A. 是"双一流"☐　　B. 仅是一流学科☐　　C. 都不是☐
3. 您是什么学科的博士？

   A. 教育博士☐　　　B. 临床医学博士☐　　C. 工程博士☐

   D. 中医博士☐　　　E. 兽医博士☐　　　　F. 口腔医学博士☐
4. 您是博士学业第几年？

   A. 第一年☐　　　　B. 第二年☐　　　　　C. 第三年☐

D. 第四年□　　　　　　E. 第五年□

5. 您攻读专业博士的目标主要是

A. 职务晋升□　　　　B. 职业发展需求□　　C. 提升专业能力□

D. 提高科研能力□　　E. 提高理论水平□　　F. 其他□

6. 您报考学校时的主要考虑因素是

A. 学校的声誉和实力□　　B. 学科专业的声誉和实力□

C. 导师的水平和声誉□　　D. 区域位置□　　　　E. 其他□

7. 您入学前最需要的知识类型是

A. 专业基础知识□　　　B. 研究方法知识□　　C. 专业前沿知识□

D. 实践知识□　　　　　E. 跨学科知识□

8. 您清楚所在专业的培养目标

非常同意□　　比较同意□　　基本同意□　　不太同意□　　很不同意□

9. 学校的培养目标与您入校前的认知一致

非常同意□　　比较同意□　　基本同意□　　不太同意□　　很不同意□

10. 专业博士的招生考试科学合理

非常同意□　　比较同意□　　基本同意□　　不太同意□　　很不同意□

11. 所在专业的必修课程设置合理

非常同意□　　比较同意□　　基本同意□　　不太同意□　　很不同意□

12. 所在专业的选修课程设置合理

非常同意□　　比较同意□　　基本同意□　　不太同意□　　很不同意□

13. 所在专业的必修课与选修课的比例合适

非常同意□　　比较同意□　　基本同意□　　不太同意□　　很不同意□

14. 所学的课程内容能反映社会需要及学科发展

非常同意□　　比较同意□　　基本同意□　　不太同意□　　很不同意□

15. 所学的课程内容具有学科前沿性

非常同意□　　比较同意□　　基本同意□　　不太同意□　　很不同意□

16. 所学的方法课程充分实用

非常同意□　　比较同意□　　基本同意□　　不太同意□　　很不同意□

17. 所学的课程内容与专业博士培养目标相符

非常同意□　　比较同意□　　基本同意□　　不太同意□　　很不同意□

18. 所学的课程包含跨学科知识

非常同意□　　比较同意□　　基本同意□　　不太同意□　　很不同意□

19. 课程教学过程中教师注重理论联系实际

非常同意□　　比较同意□　　基本同意□　　不太同意□　　很不同意□

20. 有专业实践课程及相应的学分要求

A. 是□　　　　B. 否□

21. 课程教学过程中实践课程的比例合理

非常同意□　　比较同意□　　基本同意□　　不太同意□　　很不同意□

22. 课程考核方式科学合理

非常同意□　　比较同意□　　基本同意□　　不太同意□　　很不同意□

23. 教学方式合理

非常同意□　　比较同意□　　基本同意□　　不太同意□　　很不同意□

24. 教学方式具有多样性

非常同意□　　比较同意□　　基本同意□　　不太同意□　　很不同意□

25. 您接受的最主要的教学方法是

A. 讲授法□　　　　　　B. 案例法□　　　　　　C. 现场教学法□

D. 研讨法□　　　　　　E. 多种方法结合□

26. 您最欢迎的教学方法是

A. 讲授法□　　　　　　B. 案例法□　　　　　　C. 现场教学法□

D. 研讨法□　　　　　　E. 多种方法混合□

27. 课程学习对能否顺利毕业作用很大

非常同意□　　比较同意□　　基本同意□　　不太同意□　　很不同意□

28. 您对课程内容设计的什么方面最满意

A. 基础性□　　　　B. 前沿性□　　　　C. 实用性□　　　　D. 研究方法□

29. 您对理论教学内容的前沿性与创新性满意

非常同意□　　比较同意□　　基本同意□　　不太同意□　　很不同意□

30. 理论教学对科研水平提升方面满意

非常同意□　　比较同意□　　基本同意□　　不太同意□　　很不同意□

31. 实践环节的主要活动是

A. 实地考察□　　　　B. 现场观摩教学□　　　C. 专业实践□

32. 实践课程学习对专业提升非常重要

非常同意□　　比较同意□　　基本同意□　　不太同意□　　很不同意□

33. 您对教师队伍满意

非常同意□　　比较同意□　　基本同意□　　不太同意□　　很不同意□

34. 专业授课教师数量充足

非常同意□　　比较同意□　　基本同意□　　不太同意□　　很不同意□

35. 您接受的导师指导模式是

A. 单一导师制□　　　　B. 双导师制□　　　　C. 指导小组制□

36. 您对师生联系程度满意

非常同意□　　比较同意□　　基本同意□　　不太同意□　　很不同意□

37. 导师的指导频次

A. 每月1次□　　　　B. 两月1次□　　　　C. 交流较少□

38. 从导师指导中受益最大的是

A. 导师的学术修养和品格□　　　B. 理论知识和科学研究□

C. 专业实践和职业发展□

39. 导师的科研课题与自己的学位论文关系

A. 很大□　　B. 比较大□　　C. 指导一般□　　D. 较小□

40. 专业指导教师的学术水平高

非常同意□　　比较同意□　　基本同意□　　不太同意□　　很不同意□

41. 专业指导教师能够在学术提高方面提供有效指导

非常同意□　　比较同意□　　基本同意□　　不太同意□　　很不同意□

42. 您参与了导师的课题研究

A. 是□　　　　B. 否□

43. 您是否有来自校外的实践型导师？

A. 是□　　　　B. 否□

44. 实践型教师充足

非常同意□　　比较同意□　　基本同意□　　不太同意□　　很不同意□

45. 实践型导师的作用大

非常同意□　比较同意□　基本同意□　不太同意□　很不同意□

46. 实践导师水平高

非常同意□　比较同意□　基本同意□　不太同意□　很不同意□

47. 来自实践领域的兼职导师比例大

非常同意□　比较同意□　基本同意□　不太同意□　很不同意□

48. 对导师指导感觉满意

非常同意□　比较同意□　基本同意□　不太同意□　很不同意□

49. 导师指导后，职业发展和专业实践能力提高

非常同意□　比较同意□　基本同意□　不太同意□　很不同意□

50. 导师指导后，学术能力提高

非常同意□　比较同意□　基本同意□　不太同意□　很不同意□

51. 博士学位论文的选题取向

A. 理论研究□　　　B. 实践问题□　　　C. 理论与实践相结合□

52. 您的论文选题与工作实践联系

A. 紧密□　　　B. 一般□　　　C. 较小□

53. 您的博士论文是如何确定的

A. 自己选题□　　　B. 导师帮助□

54. 博士论文选题来自专业实践

非常同意□　比较同意□　基本同意□　不太同意□　很不同意□

55. 博士论文的阶段性要求严格

非常同意□　比较同意□　基本同意□　不太同意□　很不同意□

56. 学校要求必须撰写博士论文

A. 是□　　　B. 否□

57. 学校要求毕业前必须发表学术论文

A. 是□　　　B. 否□

58. 您在读期间发表学术论文数量

A. 1 篇□　　B. 2 篇□　　C. 3 篇及以上□　　D. 没有发表□

59. 学校图书资料等条件能满足需要

非常同意☐　　比较同意☐　　基本同意☐　　不太同意☐　　很不同意☐

60. 您对管理制度满意

非常同意☐　　比较同意☐　　基本同意☐　　不太同意☐　　很不同意☐

61. 学校培养方案完善

非常同意☐　　比较同意☐　　基本同意☐　　不太同意☐　　很不同意☐

62. 中期考核的组织方式和要求科学合理

非常同意☐　　比较同意☐　　基本同意☐　　不太同意☐　　很不同意☐

63. 学校对论文发表的要求科学合理

非常同意☐　　比较同意☐　　基本同意☐　　不太同意☐　　很不同意☐

64. 学位论文要求科学合理

非常同意☐　　比较同意☐　　基本同意☐　　不太同意☐　　很不同意☐

65. 学制时间规定科学合理

非常同意☐　　比较同意☐　　基本同意☐　　不太同意☐　　很不同意☐

66. 学校质量保障体系完善有效

非常同意☐　　比较同意☐　　基本同意☐　　不太同意☐　　很不同意☐

67. 图书资料满足学习需求

非常同意☐　　比较同意☐　　基本同意☐　　不太同意☐　　很不同意☐

68. 案例库资源能够满足学习需求

非常同意☐　　比较同意☐　　基本同意☐　　不太同意☐　　很不同意☐

69. 建立并提供了实习实践基地

非常同意☐　　比较同意☐　　基本同意☐　　不太同意☐　　很不同意☐

70. 培养过程中有政府、行业、企业的支持

非常同意☐　　比较同意☐　　基本同意☐　　不太同意☐　　很不同意☐

71. 校外导师参与培养过程

非常同意☐　　比较同意☐　　基本同意☐　　不太同意☐　　很不同意☐

72. 学校在培养过程中如何处理理论与实践的关系

A. 并重☐　　　　　B. 偏重理论☐　　　　　C. 偏重实践☐

73. 通过学习，自己的学术能力得以提升

非常同意☐　　比较同意☐　　基本同意☐　　不太同意☐　　很不同意☐

74. 通过学校，自己的实践能力得以提升

非常同意□　　比较同意□　　基本同意□　　不太同意□　　很不同意□

75. 通过专业博士的学习收益最大的是

A. 专业理论水平得到提升□　　　　B. 科学素养和学术研究能力得到提高□

C. 职业实践能力得到提高□　　D. 多学科领域的知识有所拓展□

E. 创新能力得到提高□

76. 您对下列专业博士培养条件中最不满意的方面是

A. 课程设置□　　　　B. 科研训练□　　　　C. 实践能力□

D. 教学管理□　　　　E. 导师水平□

77. 您对专业博士教育的态度是

A. 持乐观态度□　　　　B. 持悲观态度□

78. 当前我国专业博士学位与哲学博士学位的地位相比

A. 差不多□　　　　B. 不如哲学博士学位□　C. 不可比，各有特色□

79. 从个人投入与收益的比较而言，您认为获得专业博士学位

A. 超过读博成本□　　　B. 基本持平□　　　　C. 低于读博成本□

80. 经过学习，您有什么其他意见建议，请写在下面：

_____

_____。

附录 2　访 谈 提 纲

一、专业博士生访谈提纲

1. 您认为我国专业博士教育的法治建设如何？

2. 您认为贵校的专业博士招生方式如何？

3. 您认为贵校专业博士的课程设置、课程内容如何？教学方法如何？教学效果如何？

4. 您认为贵校专业博士项目师资队伍情况如何

5. 您的导师如何？指导质量如何？主要指导什么？交流的频次多少？

6. 来自实践一线或企业导师有没有参与专业博士培养？

7. 有没有专业实践环节？情况如何？有专业博士生的产学实践基地吗？

8. 贵校专业博士的毕业论文有什么要求？与哲学博士有哪些区别？导师指导的怎么样？

9. 除了博士论文，学校还有什么毕业合格的要求？

10. 您觉得攻读专业博士学位给您带来最大的收获是什么？有什么令您失望的？

11. 贵校专业博士培养的管理制度如何？

12. 贵校专业博士教育最大的优势和最大的问题各是什么？

13. 您对我国专业博士教育有什么建议？

14. 您对学校、导师、学弟学妹有什么建议？

15. 您认为要更好地发展专业博士教育，需要做什么？学校之外的政府、社会、企业应该做些什么？

16. 您认为制约专业博士教育发展的因素有什么？

17. 如果再一次选择，您还会选择现在的项目吗？

二、专业博士生导师访谈提纲

1. 您对专业博士学位有什么认识？为什么要发展专业博士教育？

2. 您认为专业博士的培养目标应该是什么？贵校贵专业的培养目标是否明确？您认同这个培养目标吗？

3. 贵校专业博士招生方式是否科学合理？您认为应该什么样的学生来攻读专业博士学位？他们有什么样的特点？

4. 贵校专业博士课程设置是否合理？必修课和选修课的数量、结构是否合理？您主要教授什么课？使用什么教学方法？课堂教学效果如何？学生参与的怎么样？

5. 贵校专业博士的课程内容如何确定的？学生的基础如何？效果如何？

6. 贵校专业博士的师资队伍建设如何？您也是哲学博士导师吗？如何看待这

两个学位？主要区别是什么？如何在课程教学、论文写作、质量要求等方面做出区分？

7. 贵校吸纳实践一线或企业导师吗？有必要吗？
8. 有专业实践课吗？学校有专业博士专用的实践基地吗？
9. 您如何指导专业博士生？好带吗？他们主要的问题是什么？
10. 专业博士生的毕业论文选题如何确定的？主要的研究目标是什么？质量标准是什么？
11. 您指导的专业博士能顺利毕业吗？毕业论文的质量如何？他们最大的困难是什么？
12. 您对现有专业博士的培养现状满意吗？您认为主要存在什么问题？
13. 我国是否应该扩大专业博士学位规模？应该如何提高专业博士教育质量？
14. 您了解国外是如何培养专业博士生的吗？
15. 您对我国专业博士教育的前景如何看？

三、专业博士教育管理者访谈提纲

1. 您所在的高校什么时候开始专业博士培养的？您认为我国为什么要开展专业博士培养？
2. 专业博士与哲学博士有什么区别？如何按照它们的不同来分类培养？
3. 您认为现在的专业博士教育质量如何？主要存在什么问题？为什么会有这些问题？
4. 您认为学校给这些专业博士生提供的条件够吗？他们有什么与哲学博士生不同的需求？
5. 您认为专业博士在课程教学、师资队伍、论文撰写等方面应该有什么区别？有必要做出区分吗？
6. 贵校专业博士毕业状况如何？主要的制约因素是什么？
7. 作为管理者，您认为贵校专业博士教育主要存在什么问题？如何改进？
8. 您认为我国应该如何发展专业博士教育？重点是什么？

后　记
POSTSCRIPT

我曾纠结是否写一篇后记，最终还是下决心来写，因为它是对自己四年来研究心路历程的总结，同时我更能借此机会对那些曾经帮助我的老师和朋友表达深深的谢意。后者才是促使我下决心的最主要原因。

四年前，我此生第一个国家课题获批，它给我带来了诸多荣誉和欣喜。这个课题的获得得益于一些老师和朋友的帮助。恩师威万学教授亲自审阅并提出非常重要的指导意见。师兄蒋馨岚通过邮件和电话反馈了很多关键的具体意见建议。中国教育科学院的杨润勇教授多次给出非常实用的意见建议。亲爱的别敦荣教授给予我不能忘怀的帮助。他们是我的贵人，向他们表示敬意和感激！

得到课题不容易，完成课题更不容易。开题报告会得到了威万学教授、宋尚贵教授、张茂聪教授、冯永刚教授的指点和中肯的意见，他们为我理清了研究思路，明晰了研究重点。随着疫情的到来和持续，原本计划的调研工作受到很大影响，文献研究、比较研究本可以做得更好。为此，四年来我和课题组成员笔耕不辍。学术成果得到《高等工程教育研究》《外国教育研究》《研究生教育研究》等期刊的有力支持，向它们和责任编辑表示感谢。我的博士生导师程晋宽教授在我比较艰难的时候，给予了及时而关键性的帮助，师恩难忘。

课题组的 Dana Chirtsman 曾经是我的授业恩师，带给我一些新鲜的学术理念，为这个课题的选题和构思提供了宝贵的意见和帮助，但一别可能就是永生。课题组的战友们董吉贺、程凤农、李学丽、高斌、于珈懿、薛李为课题的立项和完成都做出了贡献，一并向他们致以感谢。

本书的定稿和出版要感谢科学出版社和责任编辑崔文燕。偶然的尝试联系，超乎想象的顺利、迅速。崔文燕编辑给予了极为专业、认真、细致的修改意见，使本著减少了很多错谬，增添了很多光彩。这都是编校人员辛苦工作的成果，向她们致谢。著作的出版也得到学校出版基金和教育学院学科团队的支持。

最后，感谢我工作单位的一些领导同事的帮助。我的领导郭翠芬、范素华、盛国军、李光红、王淑霞、刘恩允、刘正林都给予我很多鼓励。我的同事刘中文、张曙光、李缨、王飞、刘进军、祝苏东、张春梅、高阳等给予了非常宝贵的支持和帮助。

这四年是我人生的一个重要阶段，我既享受着家庭和单位的岁月静好，也怀揣着对学术梦想的孜孜以求。"以学术为志业"是我读博时的理想，但学术的精进何其困难。学术究竟对当下的我意味着什么？我想，学术研究大概会给我带来更多对终极的思索，对人生更多一些审慎，对自己的卑微有更多清醒的认识，对他人（尤其是身边亲人和远方的朋友）心存更多的依赖和眷恋，因为没有他们，我走不太远，甚至举步维艰。因为他们，我心存感恩。

李云鹏

于山东济南

2022 年 11 月 10 日

鸣谢：山东女子学院优秀学术著作出版基金